Réussir un grand projet de transformation : 20 bonnes pratiques pour changer l'entreprise

Le projet OEEI du parc nucléaire d'EDF

Éditions d'Organisation
Groupe Eyrolles
61, bd Saint-Germain
75240 Paris Cedex 05

www.editions-organisation.com
www.editions-eyrolles.com

ISBN : 978-2-212-55250-8

David Autissier et Thierry Meslin

Réussir un grand projet de transformation : 20 bonnes pratiques pour changer l'entreprise

Le projet OEEI du parc nucléaire d'EDF

Préface de Dominique Minière et de Philippe Sasseigne

EYROLLES

Éditions d'Organisation

Remerciements

Les auteurs adressent leurs plus chaleureux remerciements à tous les acteurs qui, nombreux, ont contribué au projet OEEI.

Ils remercient tout particulièrement :

- la direction du Parc nucléaire EDF, dont la volonté et le soutien sans faille ont constitué autant de leviers de réussite du projet,
- l'équipe projet nationale, pour son implication,
- les pilotes stratégiques et les pilotes opérationnels, dont l'investissement a été total et constant,
- l'ensemble des équipes, les membres de l'ingénierie du parc nucléaire EDF, les acheteurs et les représentants de la direction de l'immobilier pour les précieux efforts dont ils ont fait preuve,
- les inspecteurs et les évaluateurs pairs, ainsi que WANO Paris centre, pour leur regard avisé.

Cet ouvrage a été réalisé avec le concours de nombreuses personnes d'EDF, le BJLAB et la chaire ESSEC du Changement à laquelle EDF participe en tant que partenaire.

Une mention toute particulière à Olivier DAHAN de DATISS qui a œuvré par ses compétences et sa connaissance du projet OEEI à l'élaboration de cet ouvrage.

Préface

EDF exploite le parc de centrales nucléaires le plus important au monde : 58 réacteurs, tous de la même technologie « Eau pressurisée », répartis en trois paliers de puissance fortement standardisés sur 19 sites.

En 2006, la division Production nucléaire (DPN) s'est donné une vision à moyen terme des objectifs à atteindre au travers du Projet STEP 2010, organisé autour d'une dizaine de grands projets, tous porteurs d'ambitions et de changements significatifs.

Cinq ans plus tard, le projet OEEI (« Obtenir un état exemplaire des installations ») occupe une place particulière parmi ces grands projets. Il est en effet sans aucun doute, et sans retirer quoi que ce soit aux autres, le plus connu et le plus reconnu par les 40 000 acteurs, qu'ils soient agents EDF ou prestataires, qui interviennent au quotidien dans les centrales nucléaires.

Connu, d'abord, parce qu'il s'est traduit concrètement et progressivement, en tout point de chaque centrale, par un retour vers l'état neuf des installations. Ainsi, sur le terrain, chacun a été témoin, puis acteur et également bénéficiaire de l'amélioration, souvent spectaculaire, de son environnement de travail : matériels remis en état, sans fuites, nettoyés, locaux repeints, propres, rangés, affichage et éclairage totalement rénovés…

Connu, ensuite, car nombreux sont ceux qui s'y sont impliqués, devenant « propriétaires » d'une zone ou d'un local et assumant une responsabilité de maintien en très bon état de la zone en question, ainsi que de l'ensemble des matériels qui s'y trouvent.

Reconnu, enfin, dans la mesure où ses résultats sont visibles sur les 19 sites et évalués régulièrement avec un référentiel commun, très rigoureux et issu des meilleures pratiques internationales. Avant OEEI, chacune de nos centrales se voyait adresser son lot de recommandations lors des inspections internationales, qu'il s'agisse des OSART (*Operation Safety Review Team*[1]) réalisées par l'AIEA (Agence internationale de l'énergie nucléaire) ou des *Peer Reviews* menées sous l'égide de la WANO (*Word Association of Nuclear Operators*[2]). Ce temps est désormais révolu et nous n'avons plus à rougir de la comparaison avec d'autres exploitants, bien au contraire.

À la mi-2011, six centrales ont d'ores et déjà atteint le niveau « bon » international et les 13 autres sont toutes en bonne voie d'y parvenir entre fin 2011 et fin 2012.

Tous les acteurs du projet au niveau national comme au niveau local, tous les agents EDF comme tous les prestataires peuvent être fiers de cette réussite collective et du chemin accompli. Beaucoup étaient incrédules, sceptiques. Tous sont désormais impressionnés par le résultat obtenu, même s'il reste beaucoup à faire et si la pérennisation des résultats demandera encore beaucoup de constance, d'implication et d'énergie.

Nous ne pouvons qu'applaudir des deux mains et féliciter tous ces acteurs, qu'ils aient agi dans l'ombre ou la lumière, pour leur implication et ce remarquable résultat.

Plusieurs facteurs complémentaires expliquent le succès de ce projet OEEI.

- La définition d'un objectif légitime, clair et partagé, qui, de manière remarquable, est inscrit dans le libellé même du projet. Même si cet objectif a souvent été jugé inaccessible de prime abord, il est très vite apparu comme répondant aux besoins et aux préoccupations concrètes du terrain.

- La cohérence entre l'ambition de ce projet et l'objectif affiché de prolongation de la durée de fonctionnement de nos installations, et donc la nécessité de renforcer la gestion au quotidien de notre patrimoine industriel.

---

1.   équipe d'évaluation de la sûreté en exploitation.
2.   Association mondiale des opérateurs nucléaires.

- Le portage managérial du projet, tant au niveau national de la DPN qu'au niveau local. Ce portage a été largement favorisé par la forte légitimité que peut acquérir un manager sur le terrain, qui porte des exigences au quotidien et, surtout, procure les moyens et met en place les organisations qui permettent de les respecter pleinement.

- La responsabilisation de chaque centrale, qui a défini sa propre trajectoire sur cinq ans, en tenant compte de son point de départ.

- Une conduite du changement organisée, structurée, associant à la fois les individus et les collectifs, qui s'est réellement attaquée à la prise de conscience, au « calage de l'œil », au changement du comportement et au développement d'une nouvelle culture.

- Une animation nationale du projet en appui permanent aux centrales, très présente sur le terrain, qui a su développer un vrai réseau entre tous les projets locaux et utiliser les partages d'expérience de manière remarquable.

À compter de 2011, l'ambition a été de passer progressivement, dans chaque centrale, du projet OEEI au projet MEEI (« Maintenir un état exemplaire des installations »). Là encore, la démarche de pérennisation se veut exemplaire, afin de garantir dans la durée les investissements financiers, organisationnels et humains consentis. Chaque centrale doit ainsi dresser un bilan précis de son projet local, définir son organisation pérenne ainsi que les moyens humains et financiers associés. Le tout est soumis à un jury national, apte à challenger les propositions.

En 2011, la DPN s'est donnée une nouvelle feuille de route, au travers du projet « Génération 2020 ». Il a été demandé à chaque centrale de décliner ce projet et notamment de retrouver la performance industrielle, en fiabilisant les équipements, les organisations et en renforçant en permanence le professionnalisme des acteurs. Ce déploiement local doit s'inspirer du « modèle » OEEI :

- une exigence fixée par la direction de la DPN ;

- une trajectoire définie par chaque centrale et validée par la direction ;
- un appui fort aux unités, organisé au niveau national et reposant notamment sur des partages d'expérience efficaces ;
- un contrôle régulier, fondé sur des évaluations rigoureuses, en vue de vérifier la conformité des résultats par rapport aux objectifs.

Quelle meilleure reconnaissance, pour le projet OEEI, que de voir son modèle devenir la référence au sein de la DPN ?

Nous vous invitons à lire attentivement les pages qui suivent et qui dressent, notamment grâce au précieux travail de Thierry Meslin, un bilan complet et précis de ce que nous avons réalisé dans le cadre de ce grand projet. Savoir comment nous avons réussi est essentiel pour préparer les victoires de demain !

Dominique Minière et Philippe Sasseigne
Directeur et directeur-adjoint du Parc nucléaire EDF

SOMMAIRE

Chapitre 1

Du « projet » au « grand projet »

OEEI n'est pas un projet ordinaire, c'est un grand projet ou plutôt un programme de projets. En effet, son ambition et ses objectifs ne sauraient être appréhendés par un projet unique, mais par de multiples actions réalisées en mode projet. Ce dernier constitue l'outil le mieux adapté pour concrétiser et déployer les changements.

Cet ouvrage a vocation à identifier et dérouler les bonnes pratiques des grands projets, qui se différencient de la gestion de projet au sens communément admis par :

- le temps : un projet se déroule sur 6, 12 ou 24 mois tout au plus, tandis qu'un programme de projets peut s'étaler sur des périodes de 3 à 5 ans ;
- l'espace : un projet concerne une partie de l'entreprise, quand un programme de projets s'adresse à l'ensemble de ses structures et entités ;
- les métiers : si un projet concerne un ou deux métiers, un programme de projets concerne la quasi-totalité des métiers de l'entreprise et exige, à cet égard, des modalités de coordination supplémentaires.

1. LE CHANGEMENT PAR LES PROJETS : REPÈRES MÉTHODOLOGIQUES

Tous les discours managériaux le mentionnent, l'entreprise doit être agile, innovante, entreprenante, adaptable, etc. La traduction opérationnelle de ces enjeux requiert le déploiement de projets de transformation.

Par définition, un projet de transformation s'oppose au fonctionnement régulier et pérenne de l'entreprise. Il est limité dans le temps. Il poursuit des objectifs spécifiques et se voit dédier un budget, un planning et des équipes.

Les méthodologies de gestion de projet sont nombreuses et pour la plupart construites autour des grands standards mondiaux tels que PMI (*Project Management Institute*) et Prince2 (*Project in Controlled Environnements*). De récentes estimations tendent à montrer que les projets représentent 15 % de l'activité des entreprises du CAC 40. Cela explique sans doute que les chefs d'entreprise ont le sentiment que les changements ne vont pas assez vite et qu'il faudrait déployer davantage de projets.

Par ailleurs, les études conduites depuis plusieurs années par Gartner Group[1] et Standish Group[2] soulignent une certaine difficulté à atteindre les objectifs initialement fixés : seul un projet sur deux réaliserait ses objectifs initiaux. Et pour Standish Group, le planning de départ serait respecté et les objectifs initiaux seraient atteints dans uniquement 20 % des cas. Ce qui signifierait qu'une écrasante majorité des projets seraient défaillants dans leur mise en œuvre. Au regard des investissements engagés, il apparaît indispensable d'envisager des solutions d'amélioration !

C'est à la lumière de l'analyse des facteurs d'échec, qui conclut à la fois à une survalorisation des objectifs initiaux et à une trop faible prise en compte des mécanismes humains de participation et d'adhésion, que la méthode dite « conduite du changement » a été élaborée.

---

1. www.gartner.com
2. www.standishgroup.com

Initiée à l'occasion de grands projets informatiques, dans les années 1990, elle est rapidement devenue une pratique gestionnaire notamment destinée à favoriser l'adhésion aux projets de leurs bénéficiaires. De plus en plus utilisée pour tout type de projet, la conduite du changement s'avère un investissement rentable. En effet, si elle représente 5 à 7 % du montant des projets, elle augmente leur probabilité de réussite d'environ 50 % en termes de respect des délais.

En mobilisant les diagnostics socio-organisationnels, la communication, la formation et l'accompagnement des managers, la conduite du changement active quatre leviers :

- l'information ;

- la compréhension ;

- l'adhésion ;

- la participation des bénéficiaires.

Au-delà des nombreuses méthodologies à disposition, il est primordial que chaque entreprise façonne cet outil de gestion à sa main, en fonction de son environnement et de ses enjeux. À cet égard, il est intéressant de noter qu'en France, la fonction de chef de projet est très souvent dévolue de façon ponctuelle à un expert technique en relation avec le thème du projet. Au Royaume-Uni en revanche, les entreprises disposent de chefs de projet à part entière, mettant en œuvre des compétences spécifiques.

2. PMI OU PRINCE2 : DEUX STANDARDS DE LA GESTION DE PROJET

La norme ISO10006:2003 prévoit qu'un projet soit « *un processus unique, qui consiste en un ensemble d'activités coordonnées et maîtrisées comportant des dates de début et de fin, entrepris dans le but d'atteindre un objectif conforme à des exigences spécifiques telles que les contraintes de délais, de coûts et de ressources*[1] ».

---

1.   AFITEP/AFNOR, *Dictionnaire de management de projet*.

Deux grands modèles standard de gestion de projet existent aujourd'hui sur le marché : PMI[1] et Prince2[2]. Portées par des organismes à la fois dépositaires de la méthodologie et garant des certifications et habilitations, ces deux méthodologies sont les plus connues et les plus utilisées dans le monde – même si, à l'instar de Monsieur Jourdain, nombre de chefs de projet font du PMI ou du Prince2 (de manière partielle du moins) sans le savoir.

Sans s'opposer ouvertement, toutes deux revendiquent une supériorité technique sur l'autre. Pour identifier celle qui lui convient le mieux, l'entreprise doit avant tout définir la logique qu'elle souhaite retenir en matière de gestion de projet.

Le standard PMI, historique, domine les méthodologies de gestion de projet depuis une trentaine d'années. Fondé sur le principe du découpage des activités à réaliser en lots, il s'appuie sur différentes approches, notamment PERT et GANTT (cf. plus bas).

2.1. PMI et la logique du lotissement

Le standard PMI consiste à organiser les tâches d'un projet dans le temps, dans une logique de feuille de route – en spécifiant toutes les actions à réaliser. Un planning type organise les tâches à effectuer en phases, avec des étapes de validation entre chacune des phases. À chaque phase sont associés un ou plusieurs « livrables[3] », qui constituent les différentes productions. Le contenu de chaque phase achevée doit être validé avant que ne soit lancée la phase suivante. Les Anglo-Saxons utilisent l'expression « go/no go » pour désigner ces étapes de validation.

---

1. www.pmi.org (http://pmi-fr.org/ pour la version française).
2. www.prince2.com
3. Néologisme anglicisé pour exprimer l'idée d'une production livrée.

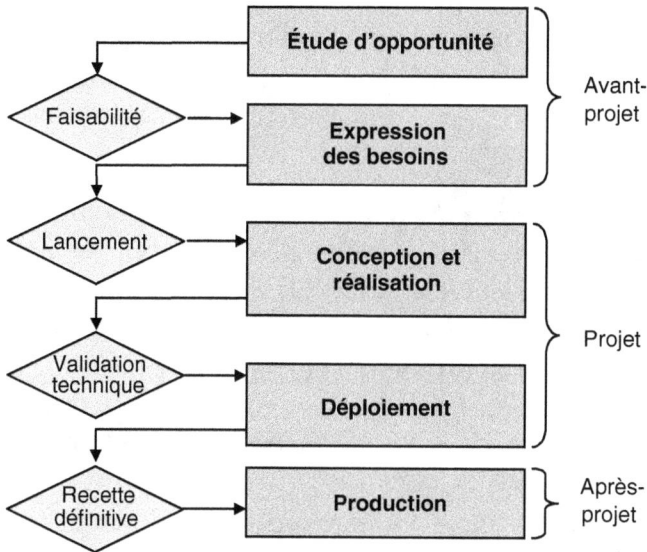

Les grandes étapes d'un projet

- L'étude d'opportunité vise à la fois à confirmer l'intérêt du projet pour l'activité et à motiver sa demande. Quelle est l'importance du projet ? Quels en sont les coûts, les gains ? Quels sont les facteurs de réussite ? Cette phase est parfois qualifiée d'avant-projet. En règle générale, les études d'opportunité sont soumises au Comité de direction pour validation.

- Une fois l'opportunité du projet validée, la phase d'expression des besoins est lancée afin de recueillir les besoins et attentes des principaux bénéficiaires du projet, cadrer le projet et fixer les principales orientations. C'est seulement à l'issue de l'expression des besoins que le projet peut être lancé. Cette étape est parfois appelée *kick off* (coup d'envoi).

- La phase de conception-réalisation peut se dérouler en deux temps, avec une conception générale suivie d'une conception détaillée – toutes deux faisant systématiquement l'objet d'une validation. Puis la validation finale (*blue print*) permet de sceller les options du déploiement.

• Avant déploiement, une recette totale ou partielle visant à tester la robustesse et la fiabilité du projet peut être réalisée, de même que sera effectuée une recette définitive à l'issue du déploiement, pour engager l'après-projet et basculer la production en mode pérenne.

2.1.1. La technique du WBS pour lotir un projet

L'un des enjeux majeurs d'une gestion de projet consiste à définir les bons lots, c'est-à-dire le bon découpage entre tout ce qui est nécessaire à l'obtention du résultat attendu.

Quel est le bon niveau de découpage ? Comment organiser la coordination entre les lots ? Le découpage est fonction des tâches à réaliser, des ressources nécessaires et du planning, pour une organisation optimale.

Pour lotir son projet, l'entreprise peut employer la technique dite WBS (*Work Break Structure*), qui permet de visualiser le chemin à parcourir pour parvenir au résultat attendu.

• Le découpage structurel prend en compte les différentes composantes de la réussite d'un projet. Pour la construction d'un nouveau téléphone mobile, par exemple, un lot concerne l'électronique et l'autre, le *design*. Chaque lot peut ensuite être divisé en sous-lots (batteries, interfaces et carte pour le lot électronique).

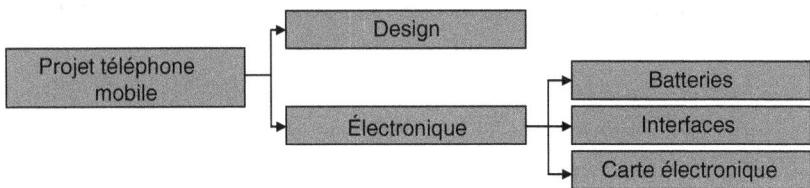

Décomposition en lots

• Un découpage temporel est également possible, qui consiste à définir les phases de réalisation de chaque lot ou sous-lot. Pour le sous-lot batteries, par exemple, le cahier des charges peut distinguer des phases de conception, réalisation et test.

2.1.2. PERT et Gantt

Les principaux concepts des outils PERT (*Program Evaluation and Review Technique*) et Gantt (du nom de son concepteur) sont repris dans le logiciel MS Project de Microsoft.

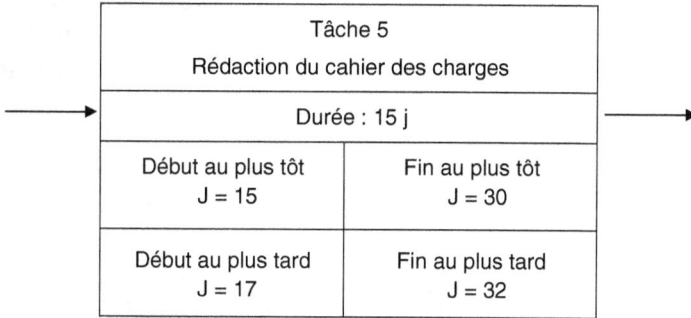

Tâche 5	
Rédaction du cahier des charges	
Durée : 15 j	
Début au plus tôt J = 15	Fin au plus tôt J = 30
Début au plus tard J = 17	Fin au plus tard J = 32

Définition d'une tâche en méthode PERT

Le schéma PERT permet de visualiser la durée de chacune des activités du projet, ainsi que leurs dépendances logiques. L'objectif de cette méthode d'ordonnancement de tâches vise à définir la meilleure organisation possible pour qu'un projet soit terminé dans les meilleurs délais, mais aussi à identifier les tâches critiques, c'est-à-dire celles qui ne doivent souffrir aucun retard sous peine de retarder l'ensemble du projet. On parle alors du chemin critique du projet (la durée du chemin critique correspondant à la durée du projet). Chaque tâche est représentée selon des caractéristiques de réalisation « au plus tôt » et « au plus tard ».

En complément du schéma PERT, le diagramme Gantt permet de positionner les tâches sur un graphique avec, en abscisse, le temps et en ordonnée, des regroupements de tâches en activité, les fonctions et/ou les personnes en charge de leur réalisation.

2.2. Prince2 : plus de gouvernance et de pilotage

La méthode Prince2 a été développée en 1989 au Royaume-Uni, par la Central Computer and Telecommunications Agency. Elle se différencie des autres méthodes de gestion de projet en s'attachant non pas au lotissement du projet mais à son pilotage et sa gouvernance. Initialement utilisée pour les projets informatiques, elle est de plus en plus mobilisée pour d'autres types de projets.

Méthode de gestion des projets par la gouvernance, Prince2 est orientée vers le suivi des résultats et des engagements contractuels des différentes parties prenantes. Le résultat final est décliné en résultats intermédiaires auxquels sont systématiquement associés des phases et des livrables. Cette méthode insiste tout particulièrement sur les notions de contrôle et de pilotage des résultats.

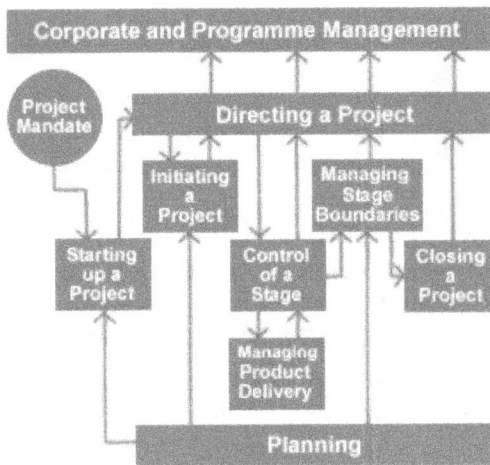

PRINCE2 Process Model

Le modèle PRINCE2

- Planifier le projet : cette rubrique visualise toutes les étapes du projet dans une logique de rétroplanning, en partant des échéances des résultats attendus.

- Diriger le projet : cette rubrique organise les instances de pilotage du projet et définit les périmètres de responsabilité.

- Lancer le projet : cette rubrique identifie les premières actions à lancer, mais aussi la communication à produire pour rendre visible le projet et souligner son importance.

- Démarrer le projet : cette rubrique vise à s'assurer du démarrage de l'ensemble des lots et à vérifier leur organisation ainsi que la mise à disposition des ressources nécessaires.

- Contrôler les étapes : il convient de mettre en place les instances et les indicateurs de réalisation des différentes étapes du projet.

- Gérer la livraison du produit : il s'agit de s'assurer que les différents modules du projet sont bien livrés et, surtout, qu'ils s'intègrent dans un ensemble cohérent.

- Gérer le périmètre des étapes : cette rubrique permet de préciser le « qui fait quoi ».

- Clôturer le projet : il importe de s'assurer de la livraison et de sa fiabilité, par un travail de stabilisation et de passage en mode pérenne.

3. LA GESTION DES GRANDS PROJETS

La gestion de projet constitue un levier de performance à part entière. Elle implique une professionnalisation très forte, mais aussi le déploiement d'une culture projet.

Ainsi qu'en témoigne le développement de Prince2, les notions de gouvernance et de pilotage sont au centre de la performance des projets. De plus en plus, les rôles classiques de maîtrise d'ouvrage et de maîtrise d'œuvre doivent intégrer ces notions de gouvernance.

> **MOA** (maîtrise d'ouvrage) : *personne physique ou, le plus souvent, personne morale propriétaire de l'ouvrage. Elle fixe les objectifs, l'enveloppe budgétaire et les délais souhaités pour le projet. Elle assure également le paiement des dépenses liées à sa réalisation.*
>
> **MOE** (maîtrise d'œuvre) : *personne physique ou morale qui réalise l'ouvrage pour le compte du maître d'ouvrage et assure la responsabilité globale de la qualité technique, du délai et du coût du projet.*
>
> Source Afnor

Loin de représenter des phénomènes conjoncturels dans la vie de l'entreprise, les projets constituent des phénomènes structurels. Ils ne sont plus des exceptions à l'activité quotidienne, mais l'une de ses composantes. À cet égard, ils nécessitent un mode de gestion qui leur est propre.

Les techniques de « projet latéral »[1], qui consistent à penser un projet en petites actions regroupées en grappes, constituent une méthode intéressante d'organisation interprojets. Il est également pertinent de se doter, outre les tableaux de bord et outils de pilotage financier, d'un tableau de bord interprojets. En outre, il semble indispensable de généraliser les techniques de gestion du changement et de pilotage de la transformation, qui doivent faire partie intégrante des compétences des chefs de projet et, au-delà, de l'ensemble des managers de l'entreprise.

Deux outils simples permettent de piloter les grands programmes en logique multiprojets : le portefeuille de projets (qui permet de lister tous les projets en préparation et en cours, afin d'établir les priorités mais aussi de travailler les éventuelles synergies) et la cartographie des projets.

Le portefeuille de projets prend la forme d'une base de données.

Celle-ci permet de recenser l'ensemble des projets de l'entreprise et de les renseigner en fonction de différents critères : populations concernées, niveau de risque, degré de transformation, priorités stratégiques, budgets, échéances, décisionnaires, etc. comme le montre le tableau suivant.

Des états de gestion peuvent en être tirés, pour le pilotage des projets, tant dans leur déroulement que dans l'atteinte de la cible de transformation – à la fois pour chacun des projets et pour l'ensemble de l'entreprise.

Enfin, peuvent également être éditées différentes cartographies pour le pilotage des projets et l'aide à la décision.

---

1. César B., d'Herbemont O., *La stratégie du projet latéral,* Dunod, 2004.

Exemple de portefeuille de projets

Nom du projet	Périmètre	Budget	Niveau de risque	Priorité	Lancement	Go/no go	Déploiement	pop1	pop2	pop3	pop4	pop5
Alpha	250	500	3	1	01/01	15/03	01/06	Comptabilité	RH	Commercial		
Oméga	50	250	1	2	15/03	15/07	15/12	Commercial				
Giga	1500	2500	2	3	01/02	01/06	15/03	Comptabilité	RH	Commercial	Technique	
Alma	2000	1200	1	1	01/01	15/03	01/06	Comptabilité	RH	Commercial	Technique	SAV

Chapitre 2

Le projet OEEI

1. INTRODUCTION

1.1. Les entreprises et le changement

Le changement fait partie de la vie, en particulier de celle des entreprises. En effet, pour s'adapter à leur environnement et se développer, les entreprises sont amenées à concevoir et à mettre en œuvre de grands projets, porteurs de changements. Parfois même, lorsqu'il en va de la survie d'une entreprise, il peut s'agir de projets de véritable transformation. Leur réussite revêt alors une importance capitale. Réussite qui requiert, de façon indispensable, l'adhésion totale du personnel aux changements engagés.

Comment réussir un grand projet de transformation ? Quels sont les facteurs qui suscitent l'adhésion ? Comment identifier les changements inévitables ? À quelles conditions les conséquences des changements profiteront-elles à l'entreprise tout entière ? Autant de questions associées à la mise en œuvre des projets de transformation.

Tout projet de transformation est, par définition, intimement lié à la culture de l'entreprise. Et pour cause : il concerne de larges populations, y compris, pour ne pas dire surtout, des populations clés. Le plus souvent, il modifie l'environnement de travail, les organisations, les relations de travail… Il est même rare qu'un grand projet, si technique que soit son contenu, n'influence pas de façon significative les ressources et les relations humaines.

1.2. L'exemple du projet OEEI

À la faveur du projet « Obtenir un état exemplaire des installations » (OEEI), projet de rénovation de ses centrales nucléaires, EDF a testé et mis en œuvre un certain nombre de bonnes pratiques, qui ont favorisé sa réussite.

Toutes se sont inspirées de trois caractéristiques fondamentales de tout projet de transformation :

- les valeurs ;
- la vision ;
- le(s) visage(s).

En effet, il est primordial d'adosser un projet de transformation à des valeurs, en particulier aux valeurs de l'entreprise. Ces dernières légitiment le projet et l'inscrivent dans une logique de confiance. Légitimité et confiance : ces deux notions ont toute leur importante, dans la mesure où elles accompagnent la représentation que le personnel se fait du projet.

Dans le projet OEEI d'EDF, les valeurs de service public, de pérennité du patrimoine industriel (qui se transmet d'une génération à l'autre), et de respect des hommes et de l'environnement ont été constamment présentes.

> « Le site est garant du patrimoine. »
>
> Un directeur de site nucléaire, commanditaire.

La rénovation de l'outil industriel, l'amélioration des conditions de travail, le retour sur la machine ou encore la valorisation du savoir-faire professionnel ont rassuré le personnel. Les premières critiques, fondées sur la crainte de la primauté des impératifs financiers (rassurer les assureurs, satisfaire les actionnaires…), se sont rapidement dissipées. Le projet s'est naturellement inscrit dans l'histoire et la culture de l'entreprise. Dans ce contexte, les principes de responsabilisation et de subsidiarité ont été largement appliqués.

Dans tout grand projet, la direction fixe un objectif et exprime des exigences. Chaque projet local (en l'occurrence, développé sur chaque centrale nucléaire) propose sa propre feuille de route, validée par la direction, en vue d'atteindre l'objectif général. Cette feuille de route se fonde sur l'analyse du contexte, des forces, des faiblesses, des menaces et des opportunités au regard des exigences fixées. Elle définit des étapes clés et précise les résultats intermédiaires attendus. Elle comprend deux volets : le projet local, qui donne le sens, et le planning pluriannuel qui concrétise la trajectoire – une cohérence d'ensemble devant, quoi qu'il arrive, être assurée.

> « *Nous avions une feuille de route avec des lots définis de façon claire (peinture, nettoyage, conduite du changement...). Nous avons réussi à fédérer au niveau local (il faut le garder en tête pour les prochains projets lancés par le national), avec la mise en place de responsables de zones, pour toucher le plus grand nombre possible de personnes sur le site.* »
>
> **Un responsable de structure pérenne MEEI.**

La direction et le niveau national organisent l'appui aux centrales et le partage d'expérience. Cette méthode de déploiement est à la fois exigeante pour tous et porteuse d'un fort changement, tant dans les centrales que concernant les relations entre les niveaux local et national.

Il est indispensable que le projet soit guidé par une vision constante et partagée.

> « *L'une des forces du projet résidait dans sa vision, qui est toujours restée positive, avec une grande propension au pardon. Cela représente très bien la volonté du projet de toujours progresser.* »
>
> **Un ingénieur.**

En effet, il ne saurait se réduire à un plan d'actions avec des travaux, des contrats, des délais... Tous les acteurs du projet doivent être à même de se représenter l'objectif et d'en comprendre le sens. Pour le dire autrement, il n'y a pas d'action sans vision. En l'occurrence, l'objectif du projet est contenu dans son titre : obtenir des installations industrielles exemplaires. Ce résultat attendu est concret, palpable et visible. Il renvoie à des images positives : fierté dans son outil de travail, professionnalisme, appartenance à une entreprise leader mondial dans son domaine... En général, plus le projet avance vers son objectif, plus ce dernier devient visible et plus les changements comportementaux ont tendance à accompagner les changements techniques.

En résumé, un objectif clair et constant facilite la compréhension et l'adhésion au projet. La constance dans la vision est indispensable pour rassurer le personnel et maintenir la confiance.

Enfin, un projet a besoin de visages. Il doit être incarné par un animateur, un pilote. Et pour cause : un grand projet est d'abord une aventure humaine. Le personnel et les membres des équipes projet doivent pouvoir se référer à un leader, au-delà des procédures et des méthodes. La mission de ce dernier vise notamment à fédérer les énergies, organiser les coopérations, identifier les obstacles communs, expliquer les arbitrages, ou encore personnaliser l'appui. À cet égard, il importe que le leader se déplace sur le terrain et rencontre régulièrement tous les acteurs du projet. Ainsi, le projet aura un numéro de téléphone, un nom, un visage. Attention, cependant, la personnalisation doit être contrôlée. Le projet doit être plus grand que ceux qui le portent. En cas de remplacement des leaders, le projet doit pouvoir continuer jusqu'à son terme et, finalement, jusqu'à son évolution vers le mode pérenne.

Les techniques de conduite des projets sont parfaitement codifiées, les méthodes sont largement étudiées dans les écoles et relayées par des logiciels de plus en plus performants, à la disposition de tous. Reste alors à animer la communauté humaine du projet, en valorisant l'initiative individuelle.

2. L'ÉMERGENCE ET LE CADRAGE : L'ORIGINE DU PROJET ET SES OBJECTIFS

2.1. Le constat initial

EDF exploite 58 réacteurs nucléaires, répartis sur 19 sites, qui constituent le plus important parc nucléaire standardisé au monde.

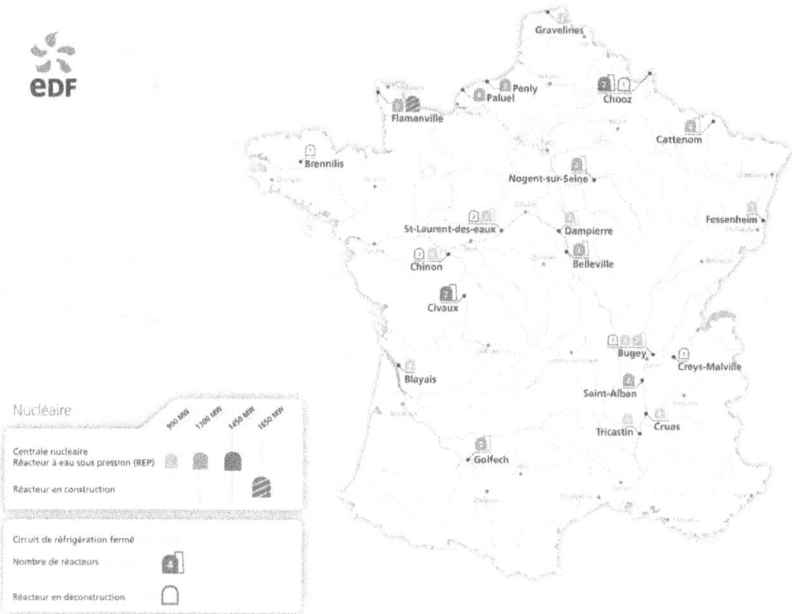

Le parc nucléaire d'EDF

Les premiers réacteurs ont été mis en service à la fin des années 1970 et début 2011, la plupart des centrales comptent une vingtaine d'années de fonctionnement.

L'une des centrales les plus récentes : Civaux, © EDF

L'entretien des installations (équipements liés au processus de production d'électricité, systèmes de sûreté nucléaire) n'a jamais fait l'objet d'aucun compromis. En revanche, si les phases de maîtrise des dépenses, décidées depuis une vingtaine d'années pour permettre à EDF de s'adapter à l'évolution du contexte concurrentiel européen, ont permis de maintenir la compétitivité économique du parc nucléaire, elles ont également pu entraîner des effets négatifs sur l'entretien des installations périphériques à la production, en particulier les installations non nucléaires.

Au milieu des années 2000, bien qu'un haut niveau de sûreté nucléaire ait toujours été maintenu, force a été de constater que l'état des installations des centrales nucléaires EDF a été dépassé, au fil du temps, par celui d'autres exploitations comparables en Europe ou aux États-Unis. Cet écart relatif a été constaté par différentes équipes de pairs ou d'inspecteurs internationaux, notamment à l'occasion des évaluations internationales conduites par l'AIEA (Agence internationale de l'énergie atomique).

Dans ce contexte, EDF, principal exploitant mondial de centrales nucléaires, n'avait d'autre choix que de consolider son *leadership* en garantissant un état de ses installations au meilleur niveau. C'est dans cette perspective que le président Pierre Gadonneix a fixé, lors du Conseil de sûreté nucléaire du 1er février 2006, l'ambition suivante concernant l'état des installations du parc nucléaire d'EDF : « *La sûreté nucléaire est un élément clé de performance industrielle et donc un élément clé du projet de l'entreprise. Nous devons être excellents en matière de sûreté [...]. Les installations les mieux tenues sont celles des industriels qui ont les meilleures performances. Nous devons devenir une référence au niveau international.* »

Cette ambition a été reprise dans les orientations à moyen terme arrêtées par le directeur de la direction production industrie (DPI) et c'est alors qu'a été lancé le projet OEEI.

Soumise à la concurrence et avec un capital ouvert, y compris aux investisseurs étrangers, EDF est devenue une grande entreprise comme les autres. Il lui revient, en outre, de constituer la vitrine d'un véritable savoir-faire technologique et de susciter un effet d'entraînement vis-à-vis de ses partenaires français dans le secteur énergétique. Ce rôle a d'ailleurs été rappelé et renforcé par le président de la République lors du Conseil de politique nucléaire du 21 février 2011. Ainsi, au-delà de l'attention accordée aux résultats financiers et opérationnels, les conditions d'exploitation et l'état des installations industrielles se doivent d'être exemplaires.

Les pairs, inspecteurs ou visiteurs étrangers, missionnés par la World Association of Nuclear Operators[1] (WANO), l'AIEA ou tout autre organisme (par exemple les organismes d'assurance), forgent souvent leur point de vue dès leur première visite d'une centrale. Et pour cause : il est largement admis que l'état des installations est inséparable :

- de la vision à long terme de l'entreprise ;
- des valeurs véhiculées par la direction et le management ;

---

1. Association mondiale des opérateurs nucléaires.

- du standard affiché par l'exploitant ;
- de la présence efficace du management sur le terrain.

Nombre d'exploitants utilisent d'ailleurs l'état des installations comme un outil au service du management. Quant aux équipements industriels, symboles de la performance technique et reflets de l'excellence de service attendue du personnel, ils font quasi systématiquement l'objet d'une extrême attention.

2.2. Les objectifs stratégiques du projet

D'une manière générale, l'état des installations doit naturellement refléter aux visiteurs, prestataires, inspecteurs, financiers ou assureurs, le niveau d'exigence en vigueur dans la centrale et la volonté de l'exploiter en toute sûreté dans la durée.

Un état des installations de haut niveau est indispensable pour rendre les objectifs de durée de vie des centrales EDF crédibles auprès de l'Autorité de sûreté nucléaire (ASN), l'AIEA et la WANO, et acceptables par le public et les médias. En l'occurrence, l'enjeu du passage de quarante à cinquante ans de durée de vie de chaque réacteur représentait un gain de 13 milliards d'euros (actualisés 2005) pour l'ensemble du parc.

Durant la phase d'émergence du projet, un panel d'experts nationaux et de managers de centrale définit les principaux livrables d'identification des enjeux et de structuration du projet OEEI. Pour rappel, il s'agit d'effectuer un saut de performances dans le domaine de la tenue des installations – ce qui nécessite à la fois une amélioration et une rénovation lourde des installations, allant bien au-delà de la simple remise à l'état neuf. En effet, le niveau d'exigence retenu pour la conception de certaines parties des installations et leur maintenance ne permettait plus, en dépit d'efforts d'entretien coûteux mais finalement peu rentables, d'empêcher la dégradation progressive de bon nombre de matériels en dehors de la zone nucléaire.

Ces modifications et rénovations visent à rendre les installations moins vulnérables aux effets du vieillissement (corrosion, usure des revêtements, dégradations résultant des chocs et des démontages/remontages liés à la maintenance, pertes de propriété des matériaux…), dans une logique de maintien du patrimoine et d'allongement de la durée de vie des installations.

À cet égard, OEEI est un projet de transformation dont les enjeux sont multiples :

- l'amélioration de la sûreté des installations ;
- l'amélioration des conditions de radioprotection ;
- l'amélioration de la sécurité et de la qualité de vie au travail des intervenants ;
- la contribution au développement durable (avec des matériaux nouveaux, des consommations d'énergie réduites, des bâtiments de basse consommation…) ;
- l'amélioration des performances de production ;
- la contribution à la protection de l'environnement.

Ses enjeux sont également de nature culturelle. En effet, les premiers exploitants et intervenants dans les centrales, qui provenaient du thermique classique, avaient une culture héritée de la métallurgie. Aujourd'hui, les exigences attendues par l'industrie nucléaire se rapprochent plutôt de celles de l'industrie spatiale. Cela implique une évolution considérable en termes de comportement vis-à-vis de la propreté ou de la qualité des chantiers.

Turbine de la centrale de Paluel, © EDF

Priorité est donnée aux investissements dans l'outil industriel, *via* un saut technologique dans les domaines de l'éclairage, de la signalétique, de la lutte contre la corrosion ou encore de l'élimination des fuites de toute nature.

Pour les bâtiments non industriels, il s'agit de rationaliser l'ergonomie des locaux et l'organisation du travail, avec la mise en place de plateaux projets dans un contexte de fonctionnement normal ou d'arrêt pour rechargement, et de favoriser le rapprochement de certaines équipes de travail comme celles de l'ingénierie et de l'exploitation. Certaines transformations visent à optimiser le nombre de locaux, mais également à supprimer les bâtiments provisoires et dégradés qui nuisent à l'image de certaines centrales.

Plus globalement, le projet doit permettre d'adapter les bâtiments afin d'améliorer l'accueil des prestataires.

Bâtiment « Prestataires » de Golfech, © EDF

Cette mise en cohérence entre les locaux et l'organisation contribue pleinement, qui plus est, au changement des comportements.

2.3. La phase de cadrage : le périmètre du projet

Le projet OEEI est autant local que national, chaque centrale étant considérée comme la mieux à même de définir son plan d'actions et d'investissements en complément des travaux pilotés en ingénierie nationale. C'est également aux centrales qu'il appartient de s'organiser pour mettre en œuvre le projet, puis pour pérenniser ses acquis.

En outre, OEEI est autant un projet managérial et comportemental qu'un projet technique et financier. C'est la raison pour laquelle il aborde ces différents champs de façon équilibrée et cohérente, la garantie de la durabilité des investissements constituant un facteur clé de décision.

Enfin, répondant aux besoins et aux préoccupations concrètes du terrain, il constitue une opportunité de premier ordre pour dynamiser et responsabiliser les femmes et les hommes de la division Production nucléaire.

Il retient le principe d'un lotissement en six domaines :

- l'élaboration et la validation des 19 projets des centrales ;
- un dispositif d'évaluation, comprenant la formulation des exigences et la méthode de suivi de leur mise en œuvre ;
- la conduite des changements culturels ;
- des travaux de rénovation dans le domaine industriel ;
- des travaux d'ingénierie et de modification ;
- des réalisations dans le domaine tertiaire.

Ces différents lots font appel à des compétences et des entités différentes. Aussi convient-il de clairement les organiser et les planifier.

3. LA PLANIFICATION : QUELQUES PRINCIPES FONDATEURS

Le déroulement du projet obéit aux principes du référentiel de management des grands projets, développé avec la méthode Litchi (« Les instruments et techniques du changement interne »), comprenant quatre phases principales (cadrage, planification, déroulement et clôture) et fixant des règles de pilotage (avec un tableau de bord incluant un volet technique et un volet conduite du changement).

Après le cadrage du projet, la phase de planification vise tout d'abord à clarifier les exigences. Définir une installation industrielle « irréprochable » et « exemplaire » au niveau international ne va pas de soi. Cela suppose de disposer de références en fonction desquelles se situer et évaluer un éventuel écart. L'état « d'excellence » se définit également au regard des règles et des standards de la profession. Même si ces standards sont communément partagés dans la communauté de l'industrie nucléaire, ils ne sont pas toujours écrits. On considère, en effet, qu'ils relèvent des règles de l'art. Or, dans le cadre du projet OEEI, il a paru nécessaire de rassembler ce corpus réglementaire dans un document aussi concis et pratique que possible.

Qui plus est, au-delà des exigences communes relatives à l'éclairage, la sécurité industrielle ou la conception des équipements, un effort de standardisation a été jugé indispensable. Dans un parc d'usines de technologie identique et exploitées par la même entreprise, les repères et l'identité visuelle doivent être partout similaires. Cela conduit, par exemple, à prescrire des codes couleurs, codes qui contribuent au « management visuel ».

> *« Du point de vue des métiers de l'ingénierie, le nom OEEI résonne. Au moment des prescriptions, il fallait se référer à la charte de couleurs prévue par le projet. »*
>
> **Un pilote stratégique, directeur de l'ingénierie dans une centrale.**

Ces règles communes, fixées au niveau national, constituent un référentiel d'exigences observables sur le terrain.

Une fois le standard défini, il convient de traduire l'objectif en exigences visibles et mesurables. Ce référentiel d'exigences recouvre l'ensemble des composantes de l'état d'une installation industrielle : la voirie, le génie civil, les revêtements, l'électricité, la signalétique industrielle, l'éclairage, la maîtrise des fuites et de la corrosion, mais aussi la propreté, la gestion de l'espace, ou encore la maîtrise du risque incendie.

> *« Un budget a été entièrement confié aux achats. Cela a d'ailleurs constitué, à mes yeux, l'une des forces du projet : les achats ont été traités de façon nationale, ce qui a permis une homogénéité dans les commandes. Par la suite, la maintenance sera facilitée, à un bon niveau de qualité. »*
>
> **Un acheteur pour le projet.**

Dès l'origine, il était entendu que l'effort de rénovation de l'outil industriel ne se limiterait pas aux systèmes et bâtiments du *process*, mais concernerait aussi les aspects relatifs à la qualité de vie au travail. Cela signifie qu'une part significative du budget OEEI serait consacrée aux vestiaires, aux bâtiments des prestataires et aux conditions de travail, notamment l'éclairage.

Il convient, ensuite, d'évaluer dans chaque centrale les travaux à effectuer pour atteindre l'objectif poursuivi. Cette étape permet de définir une enveloppe budgétaire et un planning prévisionnel, en tenant compte des disparités entre les centrales.

Un planning sur cinq ans a été retenu pour l'ensemble des centrales, chacune d'entre elles étant tenue de décliner son propre calendrier. Puis, en vue de définir l'allocation du budget global, chaque centrale a été invitée à dresser un état des lieux aussi précis que possible des travaux à réaliser, mais aussi à évaluer ces derniers.

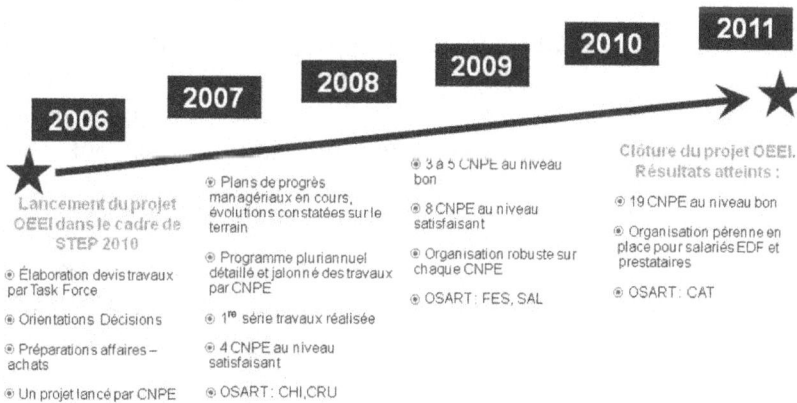

Le macroplanning national du projet

En parallèle, un système d'évaluation unique a été mis en place pour l'ensemble des centrales. C'est une première originalité du projet. Dès le début, un outil de pilotage standardisé, unique et aisément lisible a été élaboré. Chaque centrale a alors été évaluée par l'Inspection nucléaire (IN), entité indépendante, sur la base de huit domaines et 33 rubriques élémentaires. Une échelle de notation allant d'« excellent » (niveau 1) à « inacceptable » (niveau 7) a été définie, l'objectif fixé par EDF étant l'atteinte du niveau « bon » (niveau 2).

Ainsi, dès le lancement du projet, chaque centrale a pu se situer par rapport aux critères d'évaluation et définir sa trajectoire sur cinq ans pour atteindre l'objectif fixé.

Par ailleurs, il est à noter que les différents domaines relatifs à l'état des installations ne sont pas tous de nature technique. Une partie d'entre eux relève des comportements. Par exemple, la gestion des charges calorifiques (produits inflammables…), en lien avec la prévention des incendies, relève des organisations locales et du respect de règles strictes par les différents intervenants, en particulier dans le cadre des chantiers de maintenance. L'évolution attendue des comportements concernant aussi bien les intervenants EDF que les prestataires.

> « On avait perdu toute habitude de rangement, de propreté. Il a été difficile d'y revenir ! C'est toute la raison d'être de la mise en place de la structure OEEI. »
>
> **Un pilote opérationnel et inspecteur pair.**

À cet égard, chaque projet local doit comporter un volet « conduite du changement ». Cette démarche est fondamentale au regard des habitudes et modes de fonctionnement informels acquis au fil du temps, et dont certains ne sont plus compatibles avec les nouvelles exigences.

Au niveau national, le recours à la méthode Litchi[1] est fortement suggéré, sans toutefois être imposé. Cette façon de contraindre le moins possible la conduite locale du projet constitue une autre originalité d'OEEI. Pour autant, chaque centrale doit présenter la manière dont elle compte mettre en place une démarche de conduite du changement, en vue de pérenniser les rénovations effectuées.

Chaque projet local est construit sur la base d'un ensemble de points clés passés en revue par un jury national, préalablement au lancement des travaux. Cette démarche est gage d'autonomie pour chaque projet local, dans la mesure où les centrales apportent les garanties de leur capacité à gérer efficacement

---

1. Robert Leloup, Sandrine Marty, David Autissier, *Une innovation en conduite du changement : le projet Litchi à EDF*, Eyrolles, 2008.

leur propre déploiement. Quoi qu'il en soit, il ne s'agit pas d'un fonctionnement en boucle ouverte : le projet national conserve un regard sur l'obtention des résultats attendus et intervient en appui dès que des difficultés se présentent. Pour le dire autrement, les centrales bénéficient d'un appui national fort en termes d'organisation, mais tout de même moins directif que les modes de management habituels.

Le projet local est validé par la direction du parc nucléaire à l'issue d'une revue globale, à laquelle participent également un représentant de l'Ingénierie et des experts de différentes spécialités, y compris des installations étrangères. Cette revue examine :

- le volet managérial du projet local (visant à transformer les comportements), ainsi que son organisation (visant à impliquer l'ensemble des métiers) et le traitement des écarts d'une installation à l'autre ;
- la tactique des enchaînements de travaux (visant à améliorer l'état des installations en tenant compte des contraintes d'exploitation et des parties prenantes, de la capacité à faire des partenaires industriels et de la capacité à surveiller les réalisations de la centrale).

La progression de chaque centrale est évaluée en local, lors de visites périodiques du management. En outre, un contrôle externe est programmé par l'IN sur la base d'une périodicité annuelle. L'évaluation peut également s'appuyer sur un contrôle international effectué par l'AIEA de type *Operational Safety Review Team* (OSART) ou *peer review* (WANO). Les résultats de ces évaluations périodiques servent, le cas échéant, à corriger la répartition des investissements et/ou à réexaminer les priorités.

Enfin, des actions de communication et de formation sont organisées à destination des intervenants d'EDF et des prestataires, afin de mettre en œuvre le référentiel d'exigences. Les prestataires sont ainsi étroitement associés à la transformation durable des pratiques de travail visant à garantir le maintien dans la durée du niveau d'état des installations atteint dans le cadre du projet OEEI.

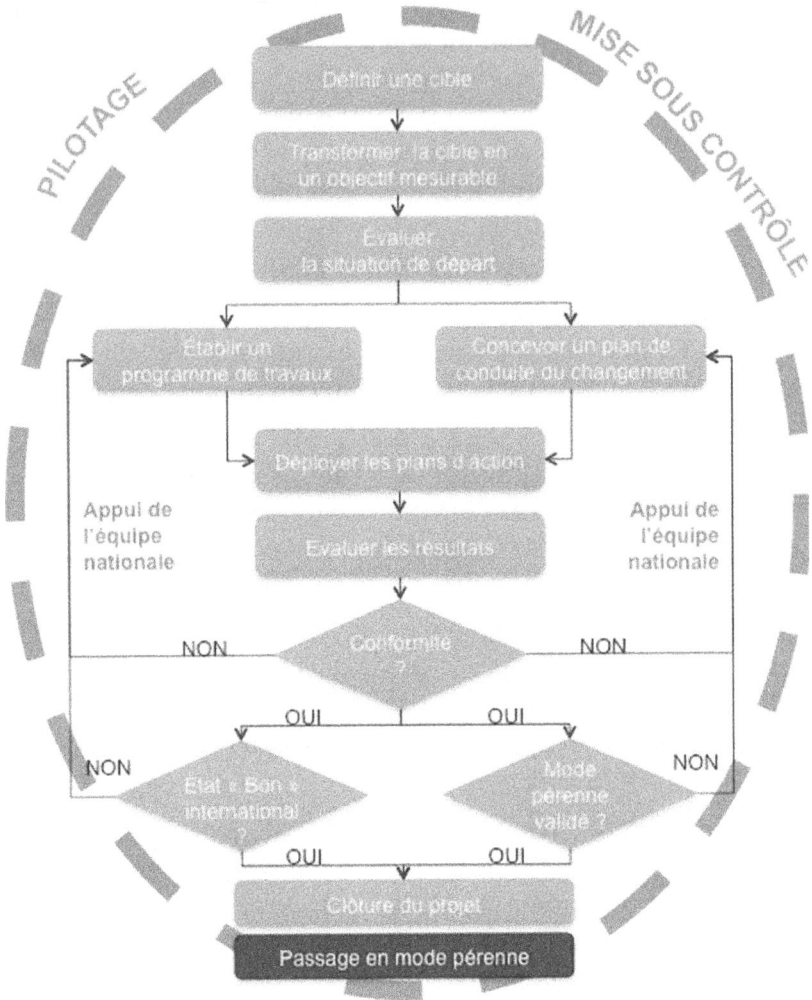

Schéma de déploiement d'un grand projet de transformation

4. LE PILOTAGE

Comment piloter un attelage de 19 projets différents, définis dans des contextes divers et conduits par autant de fortes personnalités ?

> « L'action la plus marquante du projet OEEI est celle qui a consisté à entraîner les 19 centrales vers un meilleur niveau. »
>
> Un inspecteur EDF.

Le projet national ne dispose pas de ressources dédiées à un pilotage directif et contraignant et l'appui de la direction n'est pas exclusif. En effet, le principe retenu est celui de la responsabilisation des centrales.

Les méthodes classiques de management des grands projets ont été mises en œuvre. L'objet de cet ouvrage n'est pas de les détailler, les références bibliographiques étant suffisamment fournies en la matière.

En outre, le projet s'est inspiré des méthodes appliquées dans les écoles de conduite automobile spécialisée sur circuit (anticipation, attention à l'environnement, maîtrise du freinage d'urgence et de l'accélération, interprétation rapide des données du tableau de bord...) pour mettre en œuvre un mode de pilotage souple et privilégiant l'appui à la contrainte. À l'instar de la conduite sur glace, il importe de regarder loin devant et d'accepter une certaine dérive pour toujours revenir dans sa trajectoire initiale sans brutalité, pour un meilleur contrôle.

Une autre caractéristique du mode de pilotage retenu est la forte présence du projet national sur le terrain et la rencontre permanente avec les acteurs. Cette politique, certes coûteuse en temps et en déplacements, offre de nombreux bénéfices :

- les données recueillies sont indiscutables et de toutes natures ;
- les visites sur le terrain rendent le projet national visible de tous ;
- elles permettent de se forger une idée précise et concertée de ce qui se passe vraiment ;
- elles évitent les *reporting* de type « visite de l'appartement témoin », qui ne rendent pas compte de la réalité d'exploitation ;
- elles comportent la dimension d'écoute des intervenants, et alimentent ainsi la conduite du changement.

> *« Le projet a été bien structuré, avec une vraie méthode de conduite du changement, solide et rassurante. Sa gestion a été bien cadrée dès le départ (formation des pilotes, cadrage budgétaire...). Le niveau national était aisément joignable et*

se déplaçait volontiers sur site. L'un des éléments marquants du projet OEEI a été sa parfaite adaptation à la vie des centrales, ainsi que la visibilité des actions engagées. »

Un pilote opérationnel et conduite du changement.

Un ensemble d'indicateurs permettant de recueillir des données chiffrées peut également être défini. Ces indicateurs doivent répondre à des critères simples :

- être aisés à collecter ;
- refléter l'avancement d'un processus ou d'une démarche ;
- être homogènes d'une centrale à l'autre pour permettre la comparaison.

Enfin, outre des indicateurs techniques, un baromètre de la conduite du changement a été mis en place.

« Plus le projet avançait, plus l'amélioration des conditions de travail se faisait sentir. »

Un pilote opérationnel sur un site nucléaire.

Enfin, le pilotage du projet est facilité par :

- la définition d'un objectif légitime, clair et partagé ;
- l'existence d'un réseau solidaire ;
- la mise à disposition d'outils ouverts de partage de l'information.

5. Le déploiement : l'histoire du projet, des histoires singulières

5.1. La prise en compte de la diversité

Si les centrales nucléaires EDF utilisent toutes la même technologie, leur histoire n'est pas la même. En effet, leur construction s'échelonne sur presque vingt ans et leurs évolutions respectives sont le fruit de la mise en œuvre d'orientations nationales, mais aussi du management local. L'attention portée à la gestion du patrimoine et les priorités, par exemple, varient d'une centrale à l'autre en fonction de divers événements, comme des inspections internationales qui ont incité certaines centrales à mettre l'accent sur ce sujet et ont suscité un effort ponctuel et particulier en la matière.

Le résultat est un parc nucléaire somme toute assez hétérogène du point de vue de l'état des installations – et cette hétérogénéité est encore accentuée par des situations géographiques et climatiques plus ou moins favorables.

Durant la première année du projet, chaque situation particulière a été prise en compte dans la validation des projets locaux, sous réserve, toutefois, du respect de certaines recommandations. Ainsi, certains projets qui ne reposaient pas sur une analyse suffisamment étayée de l'existant ont dû être profondément remaniés. Cette étape, qui a constitué le premier lot du projet OEEI, s'est achevée sur ce constat : tous différents, mais tous solidaires et unis dans un seul et même but.

5.2. L'émergence d'un réseau

Dès la phase de déploiement du projet, les notions de « regards croisés » et de « réseau » se concrétisent. Aidés par les membres de l'équipe nationale, les pilotes opérationnels de chaque projet local échangent bonnes adresses et bonnes pratiques, apprenant ainsi à éviter les principaux pièges.

À l'origine, une idée très simple s'impose : la réussite du projet se mesurera à l'aune du résultat de la moins bonne des centrales. Ainsi, il ne s'agit pas de transformer quelques centrales en vitrines, avec un excellent niveau d'état des installations, tout en laissant le reste du parc nucléaire à la traîne. Bien au contraire, aucune centrale ne devra manquer à l'appel lors de la clôture du projet. Telle une cordée, il y a, certes, une tête et une queue, mais tous les participants avancent ensemble et finissent par atteindre le sommet. L'équipe doit être soudée et solidaire d'un bout à l'autre de l'aventure. Ce qui signifie que chaque centrale peut alternativement intervenir en demande ou en ressource.

En outre, du fait de son histoire individuelle, chaque centrale ou équipe peut s'affirmer comme leader dans un domaine ou un lot technique particulier (amélioration de l'éclairage, mise en place d'une signalétique performante…). Finalement, chaque centrale ou équipe est mise en valeur, sans esprit de compétition.

« *Certaines centrales ont déjà atteint les objectifs. C'est toujours désagréable d'être le dernier, mais à aucun moment on ne s'est senti seul malgré les difficultés.* »
Un responsable local du traitement des écarts.

« *Une centrale qui n'avait pas de résultats, ou pas les résultats attendus, n'était jamais mise plus bas que terre. On essayait toujours de valoriser ses avancées et ses points forts.* »
Un ingénieur, pilote de l'affaire « fuites ».

« *Le projet a eu un véritable pouvoir fédérateur. Personne n'a été écarté, tout le monde a apporté sa pierre à l'édifice.* »
Un responsable de la conception de la base de données OEEI pour un site nucléaire.

« *Ce projet a réussi à associer énormément de profils différents et à les faire travailler dans un but commun. Il drainait un grand nombre de personnes et la mayonnaise a très bien pris. C'est une chose à retenir pour les projets du futur.* »
Un pilote stratégique, directeur de l'ingénierie sur un site nucléaire.

Le travail en réseau s'est finalement imposé de façon très naturelle.

Le fonctionnement du réseau des pilotes opérationnels, intimement lié à l'utilisation des techniques de messagerie et de forum d'entreprise, s'apparente au mode de fonctionnement d'Internet. En l'occurrence, plutôt que de mettre en place des équipes lourdes au niveau central, pour traiter les problèmes techniques puis diffuser les solutions d'une manière descendante, il a été décidé de tirer parti de la capacité d'innovation et d'initiative des petites équipes locales. Le cas échéant, l'irrigation du réseau est horizontale.

5.3. La répartition des rôles entre le projet national et les projets locaux

Tandis que les équipes locales élaborent leurs projets, l'équipe nationale définit des stratégies d'achats de manière à optimiser ces derniers durant toute la période du projet.

Des réflexions sont engagées afin d'identifier les meilleures solutions techniques en matière d'achats groupés et au meilleur coût des peintures, des éclairages ou encore des matériels de signalétique. Des discussions sont également menées avec les entreprises prestataires, notamment celles de peinture, particulièrement sollicitées, afin de lisser les charges de travail.

Qui plus est, dans des domaines comme le nettoyage, le renforcement des exigences liées au projet a permis d'ouvrir les marchés à de nouveaux entrants et à de nouvelles techniques.

Nettoyage à la centrale de Belleville, © EDF

Une réflexion est systématiquement menée quant à la bonne dimension de la maille pour la mutualisation des choix : la centrale, la plaque régionale ou le niveau national.

> « Un regard à la maille nationale a permis d'acheter de gros volumes et de réaliser des économies d'échelle, mais également d'obtenir une uniformité et une qualité dans la maintenance. »
>
> Un acheteur pour le projet.

6. LE RODAGE

- En **2007**, première année pleine du projet, de nombreux travaux sont engagés dans l'ensemble des centrales.

Parallèlement aux rénovations, il s'agit surtout de lancer les activités et de roder les équipes au pilotage du projet aux niveaux national et local grâce aux outils d'animation collective, en particulier des audioconférences bimensuelles.

C'est également cette année-là que sont organisées les premières journées de partage d'expérience (PEX). Leur succès est immédiat ! La recette est simple : le projet national identifie un thème d'intérêt général à partir des demandes formulées par les centrales, comme la maîtrise des fuites ou le colisage. La centrale la plus avancée, ou particulièrement motivée sur ce thème, invite toutes les autres pour une journée de partage des pratiques, des difficultés et des solutions identifiées. La veille, elle organise une visite de ses installations et propose à l'ensemble des participants de mieux se connaître et d'échanger en toute convivialité au cours d'une soirée. À terme, le résultat est double : d'une part, l'information technique est partagée et, d'autre part, les participants se connaissent, s'apprécient et n'hésitent plus à se rencontrer ou à échanger.

Le « PEX » organisé à Fessenheim, © EDF

Par ailleurs, pour accompagner la réalisation des travaux et combattre certaines habitudes de travail acquises dans un contexte de faible niveau d'exigence et de surveillance, le projet OEEI favorise la mise en œuvre de réformes managériales.

En 2007, des exigences managériales nouvelles sont ainsi proposées, inspirées de séjours à l'étranger de l'équipe nationale et de certaines équipes locales. Ces exigences présentent toutes un point commun : la nécessité des visites de terrain, et d'une observation directe des activités qui s'y déroulent. Dans ce cadre, les directions et les managers sont invités à effectuer des visites périodiques sur les installations. Qui plus est, des propriétaires nominatifs de locaux doivent être identifiés, et il convient de mettre en œuvre dans chaque centrale un système efficace de traitement des petits écarts (de type petits travaux journaliers).

Les changements requis dans la posture des managers sont destinés à en provoquer d'autres, dans les comportements des intervenants. Dès lors, le recours à une démarche de conduite du changement – en s'appuyant sur une démarche éprouvée –, s'impose comme une évidence. En l'occurrence, ainsi que cela a déjà été précisé plus haut, le projet OEEI s'appuie sur la méthode Litchi. Dans certaines centrales, ce recours à Litchi résulte du choix de la direction. Sur un autre projet, le pilote opérationnel suit cette méthode car il y a déjà été formé. Sur un autre encore, ce choix est opéré par l'équipe Projet, qui s'en est approprié les principes.

> « Nous avons appliqué la méthode Litchi, suite à une formation à la conduite du changement de deux jours pour les PO et les PS. Ont eu lieu ensuite 35 entretiens individuels relatifs à la perception du projet, la définition de la démarche de conduite du changement et l'élaboration de différents baromètres. »
>
> Un pilote opérationnel sur un site nucléaire.

Forte de ces observations, l'équipe Projet nationale décide de proposer à l'ensemble des pilotes stratégiques et opérationnels locaux une formation sur le pilotage de la conduite du changement. Des séminaires Litchi sont alors animés par des membres de cette équipe au sein des centrales qui se sont portées volontaires.

À la fin de l'année, un premier constat s'impose à la faveur des évaluations : le travail de rodage a permis de rendre plus visible le chemin à parcourir, et ce dans tous les domaines. Plusieurs centrales ont observé que certains travaux avaient été sous-estimés, que certains problèmes de corrosion des stations de pompage s'avéraient plus complexes que prévu, que les arrêts de tranche et autres aléas d'exploitation faisaient prendre du retard à certains travaux, ou encore que la maîtrise des fuites sur la partie conventionnelle de l'installation pouvait revêtir une dimension imprévue, celle d'une véritable affaire nationale d'ingénierie.

- L'année **2008** se révèle être celle des déconvenues, sans doute la période la plus difficile du projet.

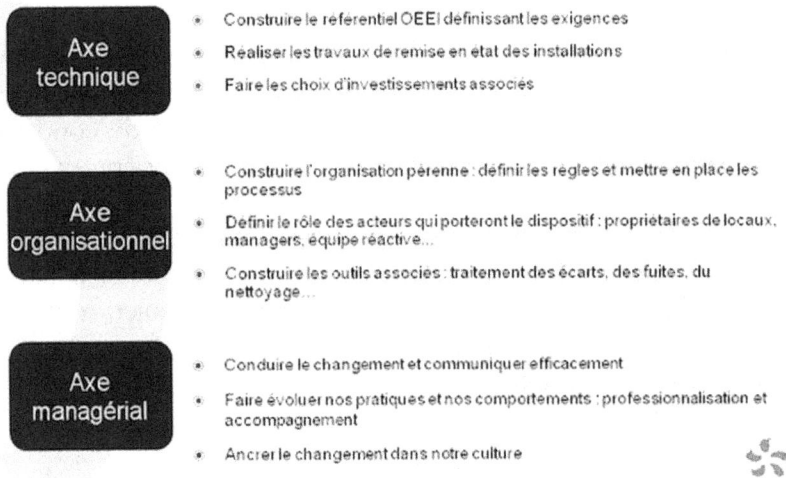

Axe technique
- Construire le référentiel OEEI définissant les exigences
- Réaliser les travaux de remise en état des installations
- Faire les choix d'investissements associés

Axe organisationnel
- Construire l'organisation pérenne : définir les règles et mettre en place les processus
- Définir le rôle des acteurs qui porteront le dispositif : propriétaires de locaux, managers, équipe réactive...
- Construire les outils associés : traitement des écarts, des fuites, du nettoyage...

Axe managérial
- Conduire le changement et communiquer efficacement
- Faire évoluer nos pratiques et nos comportements : professionnalisation et accompagnement
- Ancrer le changement dans notre culture

Les axes prioritaires du projet en 2008, © EDF

Les travaux se poursuivent, mais parfois en « tâches de léopard ». Rares sont les centrales qui sont à même de présenter des blocs de locaux ou de bâtiments entièrement rénovés. La propreté ne progresse pas suffisamment. Les ressources de nettoyage ne sont pas correctement employées. Elles sont souvent mutualisées avec d'autres activités de logistique, et sont ainsi distraites de leur objectif, mais également insuffisamment surveillées. Au total, après une adhésion assez aisée au lancement du projet, les premiers signes de détachement ou de perte de confiance se manifestent. Certains personnels commencent à douter de l'arrivée à terme du projet.

> *« Le projet a permis une véritable prise de conscience quant au caractère inacceptable des fuites, qui avaient pourtant fini par devenir un élément du quotidien – le casque des agents faisant office de parapluie. Les améliorations issues du projet sont considérables, tant en matière de conditions de travail qu'en matière de santé et de sécurité des agents. Dans certaines centrales, on est passé de 1 500 à 100 fuites par tranche : si on me l'avait dit avant le projet, je n'y aurais jamais cru ! »*
>
> Un ingénieur, pilote de l'affaire « fuites ».

Face à la difficulté à progresser en matière de maîtrise des fuites, une affaire « fuites » est lancée au niveau national, avec un mode de management inédit.

En général, le lancement d'une affaire de cette importance s'appuie sur un processus long et largement administratif. Or, le projet OEEI impose que des résultats soient obtenus dans des délais rapides. Un nouveau mode de management est donc défini, afin de raccourcir les délais au maximum : les experts, préparateurs ou ingénieurs de chaque centrale identifient et définissent avec un minimum de formalisme les problèmes majeurs rencontrés parfois depuis des années. Une cinquantaine de fiches « fuites » génériques sont rédigées. Puis, pour chacune d'entre elles, une ou plusieurs centrales se déclarent volontaires pour envisager une solution, seuls ou avec l'aide d'une entreprise compétente. Au vu des solutions rapidement identifiées, des modifications sont proposées. Pour accélérer leur mise en œuvre, le projet national recourt à des prescriptions. Ainsi, une règle nationale de maintenance rend obligatoire le traitement des petites fuites qui étaient auparavant couramment admises et, en général, laissées en l'état.

Diesel de secours « à l'état neuf » sur un site 900 MW, © EDF

En fin d'année, les résultats escomptés ne sont toutefois pas au rendez-vous et aucune centrale, y compris parmi celles considérées comme les plus en avance, n'atteint son objectif.

Cela étant, il apparaît que des centrales relativement anciennes émergent dans le classement et accomplissent des progrès inattendus, en dépit d'un nombre limité de travaux.

Cette heureuse surprise, qui n'a pas été immédiatement interprétée, nourrit l'espoir : dans ces centrales, les changements culturels ont pris la relève !

« OEEI est entré dans les mœurs et dans les mentalités, parfois dans la douleur. Mais on y est ! Cela a demandé un véritable travail d'éducation. »

Un expert peinture.

« Entraîner les gens dans ce grand projet est devenu une vraie fierté pour les centrales qui ont réussi. »

Un inspecteur EDF.

> *« Il s'est avéré que certaines centrales ont eu des résultats inat-
> tendus. Il s'agissait de centrales que l'on n'attendait pas du fait
> de l'ampleur du chemin à parcourir et qui se sont sérieusement
> investies. Elles ont même dépassé des centrales que l'on voyait
> atteindre les résultats plus tôt. »*

Un pilote stratégique, directeur de l'ingénierie
sur un site nucléaire.

- Objectif majeur de **2009** : une centrale au moins doit atteindre le niveau international requis pour l'état de ses installations, en l'occurrence le niveau « bon ».

C'est cette année-là que sont engagés les travaux les plus
nombreux. Un budget au montant maximal (supérieur à
150 millions d'euros) est engagé. Tous les domaines et corps
de métiers sont impliqués. Des bâtiments tertiaires sont en
cours de construction dans les deux tiers des centrales. Dans le
même temps, le projet profite du plan de relance gouverne-
mental lié à la crise économique. Des centaines de peintres
sont à l'œuvre sur l'ensemble du parc nucléaire.

> *« Je suis chargé d'affaire peinture sur un site nucléaire. Je gère
> un budget de 2-3 millions d'euros, une quarantaine de peintres
> et trois prestataires extérieurs. Le but, pour moi, était de remettre
> les tranches en état d'un point de vue esthétique. C'était le
> budget le plus important de la centrale. »*

Un expert peinture.

Les bonnes pratiques observées dans des centrales étrangères
continuent à être partagées au sein des réseaux OEEI, et
certaines idées se diffusent sans même l'intervention du
niveau national. C'est notamment le cas des « cartographies
OEEI ». Le principe est simple. Il s'agit de représenter, sur un
plan de masse, l'état évalué de chaque zone par des
couleurs : vert pour un état « satisfaisant » ou « bon », jaune
pour un état « moyen », orange pour un état « insatisfaisant »
ou rouge pour un état « inacceptable ». Dans certaines centrales, ces plans sont affichés à l'accueil, à la vue de tous les
visiteurs.

Cartographie des zones d'un site 1300 MW, © EDF

Qui plus est, les autoévaluations à participations croisées entamées en 2008 sont finalisées dans la quasi-totalité des centrales. Là encore, cette disposition est mise en œuvre sans intervention de l'échelon national. Une centrale hôte invite des pairs à visiter l'ensemble de ses installations durant deux jours. Des fiches de constat sont alors renseignées, les écarts sont photographiés et les bonnes idées recensées – le tout étant ensuite présenté devant le Comité de direction.

L'ensemble de ces actions favorise l'accélération des évolutions culturelles dans une grande partie des centrales. L'avancement des travaux finit par convaincre le personnel de la volonté de l'entreprise de mener le projet à son terme, notamment parce que ces derniers commencent à porter leurs fruits en termes de qualité de vie au travail. Les nouveaux vestiaires ou les éclairages renforcés modifient les installations, mais également la manière de les appréhender et, *in fine*, d'y travailler.

À la fin de l'année 2009, au prix d'un engagement sans précédent de l'équipe de direction, une première centrale 900 MW obtient le niveau « bon » international. L'installation est propre et rangée, les fuites sont rares, identifiées et collectées, les matériels sont en bon état : bref, la reconquête est achevée. Le challenge est gagné. C'était donc possible !

- Avec deux centrales au niveau « bon » international (dont une parmi les plus anciennes et l'autre parmi les plus modernes), l'année **2010** semble s'ouvrir sur une perspective d'achèvement du projet sans difficulté majeure.

Toutefois, les situations sont encore très disparates d'une centrale à l'autre du parc. L'affaire « fuites » progresse correctement, mais son budget dépasse largement les prévisions initiales. Il en est de même pour la remise en état des stations de pompage implantées en bord de mer. Le coût de remplacement des tuyauteries corrodées par les eaux pluviales ou de vidange, par exemple, s'étend bien au-delà des premières estimations. Qui plus est, il apparaît progressivement que certaines dispositions de construction d'origine, acceptables voilà trente ans, ne sont plus conformes aux exigences actuelles. Ainsi, dans certaines salles des machines, le système de collecte des eaux de vidange n'est toujours pas raccordé au réseau d'égouts.

Changement de l'unité de filtration de l'huile turbine à Blayais, © EDF

Pour revenir plus en détail sur l'affaire « fuites », alors qu'il devient acquis que le budget initial sera insuffisant, y compris en optimisant les dépenses – notamment concernant les bâtiments non industriels, l'équipe Projet nationale doit justifier sa demande d'ajustement de devis auprès de la direction du groupe EDF. Le complément budgétaire demandé est accordé, mais il est exigé, en contrepartie, que chaque direction de centrale s'engage personnellement à mettre en œuvre une politique managériale de changement culturel.

Intégrité des circuits, fuites, confinement (huile, Fyrquel, gazole)

En quoi je peux contribuer à respecter ces exigences ?

➤ Je signale toute fuite ou écoulement non collecté au service Conduite ou à l'équipe Réactive pour mise en place d'un système de collecte et de drainage.

➤ J'utilise des buvards à disposition en cas de traces ou coulées d'huile ou de graisse.

➤ Je n'utilise pas le contenu des kits anti pollution en dehors des situations pour lesquelles ils sont prévus.

➤ Je stocke sur bac de rétention les liquides sources de nuisance pour l'environnement.

32   10 mai 2011   EDF DPI/DPN

Extrait d'un mémento des bons comportements rédigé par un site, © EDF

À la mi-2010, des avenants autorisant un complément de travaux sont attribués à chaque centrale, avec un rappel des engagements du parc nucléaire envers la direction de l'entreprise. Les visites d'appui du projet national se multiplient. Des autoévaluations croisées sont pratiquées sur toutes les centrales, y compris sur celles qui ont mené à bien leur projet.

Au total, à la fin de l'année, cinq centrales ont atteint le niveau « bon » international et neuf sont en passe d'y parvenir. Cinq centrales restent en retrait, mais toutes affichent des progrès notables. Un quart des centrales est passé en mode pérenne ou se prépare à le faire. La partie est presque gagnée !

- **2011** est l'année du passage d'un mode projet à un mode pérenne.

De même que la conduite du changement, le passage d'un projet en mode pérenne constitue une étape clé pour tout projet de transformation. Il est à noter que les réflexions visant à définir les exigences à respecter pour passer du projet OEEI à la structure pérenne MEEI (« Maintenir l'état exemplaire des installations ») ont été engagées dès 2009. En 2011, les principes retenus sont mis en œuvre dans quatre premières centrales, en accompagnement de l'utilisation du budget pérenne attribué annuellement à chaque unité de production pour maintenir le niveau obtenu.

> *« Il importe, pour l'avenir, de conserver cette envie de se mettre à niveau. Le mode pérenne est dépendant de la volonté des centrales, mais aussi du budget que MEEI se verra allouer. »*
>
> Un expert peinture et génie civil.

Un jury de basculement du mode projet au mode pérenne, dont le principe avait été adopté à la fin de l'année 2010, est mis en place. L'année 2011 est ainsi celle de la clôture du projet et de la transition vers une structure MEEI.

> *« Sans la volonté de le voir perdurer, il est possible que le projet OEEI, après avoir constitué une priorité, s'endorme. Des investissements réguliers seront nécessaires pour éviter d'avoir à engager de nouveaux investissements massifs. »*
>
> Un inspecteur EDF.

7. LA PÉRENNISATION : SAVOIR TERMINER UN PROJET

Après plusieurs années d'un investissement parfois total, revenir à un fonctionnement plus routinier n'est pas toujours chose aisée. La conduite d'un grand projet représente une aventure industrielle, mais aussi une expérience humaine particulièrement forte.

> *« En phase projet, les personnalités sont différentes (sprinters) de celles nécessaires en phase pérenne (marathoniens). »*
>
> Un directeur de site nucléaire, commanditaire.

Durant le déploiement du projet dans sa centrale, le pilote opérationnel subit finalement peu de pression hiérarchique et jouit d'une grande autonomie. Il occupe une position ressentie comme « dominante » au sein de la centrale et intervient dans de nombreux domaines. Il détient un budget, donc un pouvoir. On le consulte pour tenter de résoudre des problèmes de la vie quotidienne. Parfois même, on le courtise. L'arrivée à terme de ce statut peut s'avérer difficile et nécessite d'être abordée avec le plus grand soin.

En l'occurrence, les critères de clôture des projets locaux ont été aisément définis. Ils sont clairs et précis : le projet s'arrête dès que la centrale respecte toutes les exigences de l'état des installations au niveau « bon » international, et que le transfert aux entités pérennes est validé.

Puis, le retour d'expérience et le bilan du projet sont effectués au niveau national. Ils mettent en évidence les dispositions qui ont été prises en phase de projet et qui peuvent soit être reconduites en l'état en mode pérenne, soit être reprises et adaptées dans un cadre existant. À cet égard, l'évaluation du budget annuel qu'il convient de consacrer au maintien en état constitue un élément essentiel de ce retour d'expérience, l'objectif étant de conserver tous les acquis du projet et de les mettre au service d'entités pérennes.

Le plan de pérennisation a débuté un peu plus d'un an avant la date prévue d'achèvement du projet. Tous les acteurs des centrales ont été mis à contribution, avec un rôle particulier confié aux centrales pilotes chargées de « défricher » le terrain.

La pérennisation vise avant tout à transformer un projet en un processus pérenne et ses lots en processus élémentaires – et ce, de façon similaire au niveau national et au niveau local.

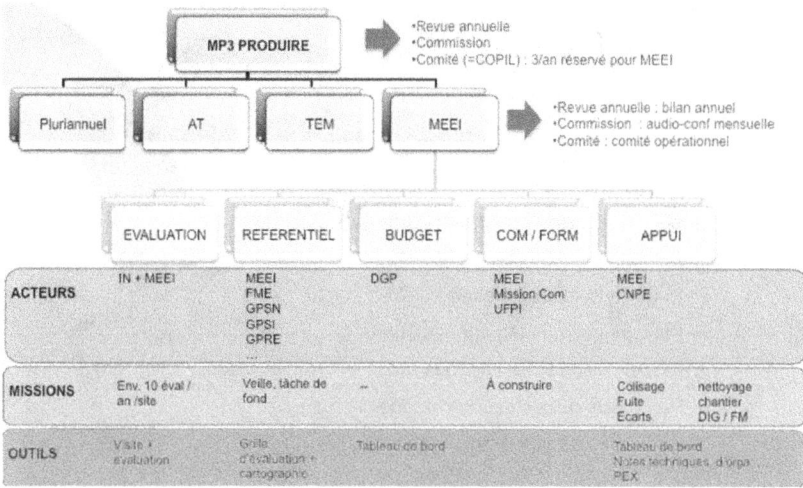

Les instances de gouvernance en mode pérenne – niveau national, © EDF

Le dispositif retenu est conforme tant au référentiel de management de projet qu'au référentiel de management des processus :

- description du processus « Maintenir un état exemplaire des installations » et de ses composantes ;
- élaboration de la matrice de transfert des entités de pilotage du projet vers celles de pilotage de processus ;
- actualisation de la cartographie des risques ;
- diagnostic socio-organisationnel ;
- établissement d'un plan de transition ;
- réalisation d'un plan de communication en mode pérenne ;
- réalisation d'un plan de formation intégrant la formation des futurs responsables des structures pérennes.

Déclinaison d'un axe du processus de garantie de la pérennité, © EDF

Concernant le pilotage des nouvelles structures, les acteurs des centrales sont invités à réfléchir à la composition d'un tableau de bord, et à celle d'un modèle de questionnaire ou baromètre de la conduite du changement. Le tableau de bord est composé des indicateurs de suivi et de résultats associés au processus pérenne et à ses processus élémentaires. Ces indicateurs constituent en général une évolution de ceux qui avaient été retenus pour le projet. Dans le même esprit, le baromètre de conduite du changement est une évolution du questionnaire du projet, adapté au mode pérenne. Il a vocation à être utilisé une fois par an.

Enfin, les outils et les pratiques mis en place dans le cadre du projet (cf. chapitre suivant) et plébiscités par les centrales sont maintenus et adaptés. Ces dispositions visent à garantir l'évolution harmonieuse et efficace du projet vers un processus pérenne.

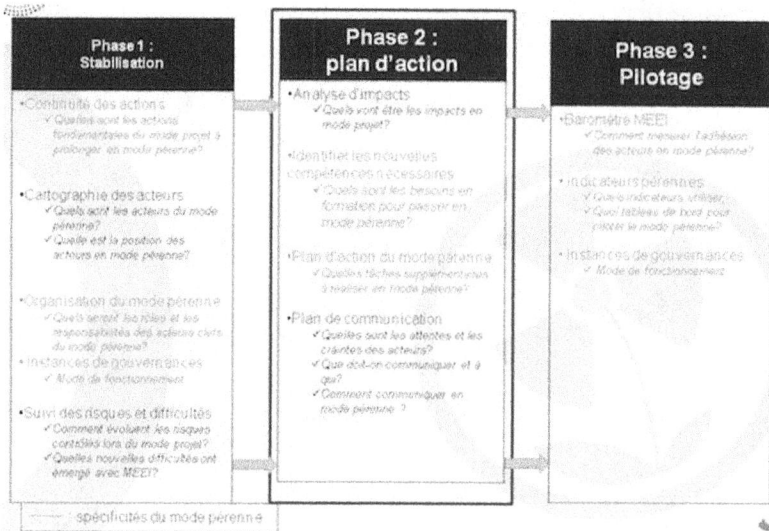

La construction du mode pérenne, © EDF

Chapitre 3

Les 20 bonnes pratiques
du projet OEEI

> *« Rien n'est si contagieux que l'exemple. »*
>
> François de La Rochefoucauld

Les 20 bonnes pratiques détaillées ci-après sont le fruit de l'expérience et du pragmatisme qui ont présidé au déploiement du projet OEEI. Loin de se vouloir universelles, elles se sont pourtant révélées concluantes et peuvent ainsi être envisagées dans d'autres contextes de grand projet.

Chacune d'entre elles peut être mobilisée de manière globale ou partielle en fonction des grands projets et des idées de leurs responsables.

Dans un souci pédagogique, et afin de différencier les actions des résultats et démarches qui peuvent être généralisés et transposés dans d'autres projets, les 20 bonnes pratiques du projet OEEI sont toutes présentées selon la même structure :

* la démarche OEEI ;
* les résultats ;
* les enseignements.

En fin d'ouvrage[1], ces 20 bonnes pratiques sont également proposées sous la forme d'une grille d'accompagnement à la préparation et à la mise en œuvre de tout projet de transformation.

---

1. Cf. annexe 2.

BONNE PRATIQUE N° 1

Définir qui fait quoi

Appliquer le principe de subsidiarité (contrôlée)

La subsidiarité constitue une démarche aussi exigeante qu'indispensable. Elle nécessite notamment de rompre avec le principe de centralisation, de responsabiliser les équipes et de stimuler l'initiative individuelle. Elle repose sur la contractualisation des objectifs et des ressources.

> *« Tout ce qui augmente la liberté augmente la responsabilité. »*
> Victor Hugo.

La démarche OEEI

Le projet poursuivait un objectif global, décliné en 19 objectifs locaux. Cet objectif global ainsi que les exigences à respecter sont définis par la direction de l'entreprise, après une instruction détaillée dans le cadre d'une concertation prenant en compte les points de vue de l'ensemble des centrales.

> *« Le projet a été globalement assez bien perçu et les objectifs, compris par tous. »*
> Un pilote opérationnel et conduite du changement.

Chaque centrale propose sa feuille de route. En fonction du diagnostic initial, l'échéance fixée peut varier entre fin 2009 et fin 2013. Ainsi, chacun est maître de son rythme et de sa stratégie. Cela étant, chaque « *road book* » doit être justifié par des faits et des arguments précis et contrôlables. Il doit aussi être ponctué d'étapes et de points de contrôle.

> *« La mise en place d'organisations parallèles a permis d'obtenir une véritable adhésion au projet. »*
> Un pilote opérationnel sur un site nucléaire.

Les ressources requises par chaque centrale sont validées au départ par la direction, pour l'ensemble du projet, puis réévaluées chaque année en fonction des résultats obtenus. À tout moment, la trajectoire de chaque centrale est soumise au regard de la direction, du projet national et même des pairs.

L'équipe Projet nationale n'intervient pas dans les organisations retenues ou la conduite des travaux. En revanche, elle apporte son appui pour résoudre les problèmes et organiser le retour d'expérience. Elle a également pour mission de faciliter les relations avec les parties prenantes, mais aussi d'assurer les gains d'échelle réalisés en mutualisant les achats.

Le contrôle porte à la fois sur le respect des exigences fondamentales, notamment en ce qui concerne la sûreté et le respect de l'environnement, mais aussi sur les performances et la bonne utilisation des ressources.

Un contrôle de la direction de la division Production nucléaire est régulièrement organisé pour s'assurer de la conformité des trajectoires et évaluer la solidité des fondamentaux de la centrale. Il est à noter qu'à terme, le dispositif de contrôle sera refondu, mais restera centré sur l'Inspection nucléaire.

Cette méthode de déploiement a fait la preuve de son efficacité. Elle a également été porteuse de l'ambition du Groupe et l'engagement de tous dans cette aventure, véritable « nouveau démarrage » du parc des centrales nucléaires. C'est une méthode exigeante pour tous et porteuse d'un fort changement dans les équilibres du quotidien, au sein des centrales, mais aussi entre les centrales et les unités nationales.

Au final, une évolution de nature culturelle a été engagée à tous les niveaux du parc des centrales nucléaires.

Les résultats

La subsidiarité, démarche exigeante, nécessite de rompre avec les anciens modèles de centralisation. Elle repose également sur la contractualisation des objectifs.

Elle offre alors un champ d'opportunités nouvelles pour chaque centrale. L'innovation est fortement stimulée, en même temps que la motivation du personnel et l'investissement individuel.

Le principe de subsidiarité développe l'engagement des directions locales, ce qui constitue un levier majeur de réussite.

Enfin, par le biais de la responsabilisation, l'adaptation de chaque projet local à son contexte permet d'assurer un meilleur ajustement des ressources aux besoins réels pour atteindre les objectifs.

> *« Nous avons eu un budget important. Nous sommes dans un système de management parfaitement intégré dans la vie de la centrale, avec un lien fort à la direction. Nous avons toutes les cartes en main pour réussir. »*
>
> Un responsable de structure pérenne MEEI.

Les enseignements

* Le principe de subsidiarité repose sur la contractualisation des objectifs et des ressources. C'est la condition de son efficacité.

* Ce principe est pertinent pour tout projet, en particulier pour les grands projets répartis sur des entités dispersées.

BONNE PRATIQUE N° 2

Montrer les résultats

Définir une vision claire et constante (management visuel)

La constance dans la vision ainsi que la lisibilité des changements et des résultats obtenus représentent autant de leviers de réussite pour tout grand projet de transformation.

Pour être accepté et approprié, le projet doit apparaître légitime et être compris de tous.

> « Il n'y a pas de vent favorable à celui qui ne sait pas où il va. »
>
> Sénèque.

La démarche OEEI

L'une des forces du projet OEEI réside dans la clarté et la visibilité de son objectif : retrouver l'état neuf d'une installation.

> « Le projet était très bien structuré, avec une vraie méthode de conduite du changement, solide et rassurante. C'était le seul projet, à la DPN, qui montrait des actions concrètes et visibles par les agents. Il est aujourd'hui communément admis, au sein de la centrale, que le site est plus agréable. »
>
> Un pilote opérationnel et conduite du changement.

Lors du lancement du projet, les personnels qui avaient participé au démarrage des centrales nucléaires dans les années 1980 ont une vision encore nette des installations à leurs débuts dans l'entreprise : toutes étaient propres et neuves et fonctionnaient sans problème. Cette vision nourrit d'ailleurs une certaine nostalgie.

Pour les plus jeunes, l'idée de l'industrie nucléaire coïncide certes avec la notion de propreté, mais également avec celles de technologie et d'avancées techniques présentes dans un laboratoire, une navette spatiale ou encore une salle d'opération, avec des combinaisons immaculées et des outillages de pointe. À cet égard, le projet ouvre de nouvelles perspectives.

Les échanges internationaux, essentiels et foisonnants dans l'industrie nucléaire, permettent à chacun d'observer l'état des installations les plus modernes ou les mieux entretenues. Grâce à des modifications et des améliorations continues depuis leur démarrage, les exploitants allemands, suisses, japonais ou américains disposent d'installations de très haut niveau, dont l'état est parfois même d'un meilleur niveau par rapport au neuf.

En l'occurrence, plusieurs acteurs ont eu l'occasion de se rendre à l'étranger pour procéder à un *benchmark* en visitant des installations qui représentent ce qu'il est convenu d'appeler le niveau « bon » international. Si certains sont rentrés de ces visites découragés ou incrédules quant à la capacité d'EDF à relever le challenge (« *On n'y arrivera jamais* », « *On n'a pas la même culture* », « *On n'aura jamais assez de moyens* »), la cible est apparue aux autres très claire et le chemin, bien tracé.

> « *Quand j'ai annoncé que j'allais m'atteler à rénover la salle de pompage, personne n'y a cru en dehors de mon équipe. Quand j'ai fait la remise de clé officielle, j'ai montré à tout le monde ce qu'était OEEI. J'ai convoqué toutes les personnes concernées. J'ai organisé un événement avec ruban pour marquer le coup. J'ai dit aux chefs de service que je leur remettais une salle en l'état et que c'était à eux de l'y maintenir.* »
> Un pilote opérationnel et inspecteur pair.

Qui plus est, le management visuel permet au projet de revêtir un aspect plus concret encore, avec la mise en place de locaux témoins dans la plupart des centrales. Les agents, propriétaires de ces locaux, en tirent rapidement une grande fierté.

> « *Quand on a de la lumière, ce qui est sale saute aux yeux.* »
> Un ingénieur, appui au pilote opérationnel local.

> « *J'ai ressenti une vraie fierté le jour où j'ai reçu sur le site des membres de ma famille qui ont été impressionnés par l'état des locaux. Je suis fier d'avoir participé à ce projet.* »
> Un responsable de la conception de la base de données OEEI pour un site nucléaire.

> « *Avoir entraîné des gens dans ce projet est devenu une vraie fierté pour toutes les centrales qui ont réussi.* »
> Un inspecteur EDF.

Ateliers reconditionnés par leurs « propriétaires », © EDF

Les résultats

La valeur ajoutée des rénovations devient rapidement incontestable.

La concrétisation visible de l'objectif désarme de nombreuses critiques, tant sur la capacité à réussir que sur l'intérêt pour les intervenants et l'entreprise.

Le périmètre du projet et la cible demeurant constants tout du long, la volonté d'aboutir apparaît clairement à tous, assurant la confiance dans le management, renforçant la crédibilité du projet et facilitant sa compréhension et son acceptation par le personnel.

> « Il a fallu faire comprendre à tout le monde que le projet OEEI était tout sauf une contrainte et qu'il était là pour faciliter le travail des agents. »
>
> Un pilote opérationnel sur un site nucléaire.

Les enseignements

- Dans le cadre d'un grand projet de transformation, la conduite du changement est plus aisée si le résultat du changement proposé est visible et palpable.

- L'objectif doit être à la fois clair et stable, de même que le périmètre. Chacun doit savoir où entend l'amener le management. Il doit pouvoir l'envisager de façon très concrète. La constance dans la vision constitue un élément essentiel.
- La détermination des responsables du projet et l'appui sans faille du commanditaire sont les garants des changements attendus. C'est la raison pour laquelle l'élaboration d'une politique managériale de conduite du changement, engageant les dirigeants, est nécessaire.

> « L'implication du management est la clé de la réussite du projet. »
> **Un responsable de l'appui à la gestion budgétaire du projet.**
>
> « Au départ, le projet a souffert de ce qui avait été fait lors de l'OSART, qui n'avait fait que du tape-à-l'œil : les gens ont donc identifié l'OEEI à ces actions superficielles. Cependant, quatre ans après, la perception est complètement différente. Les agents ont bien vu qu'il s'agissait d'un projet aux objectifs bien plus profonds. Ils ont vu la solidité de l'organisation au national et la préparation du mode pérenne, qui n'existait pas dans l'OSART. »
> **Un responsable local du traitement des écarts.**
>
> « Nous savions la somme des activités à réaliser par année et par unité. En outre, le budget était sanctuarisé, ce qui garantissait qu'il serait utilisé dans son intégralité dans le seul cadre OEEI. »
> **Un responsable de l'appui de la gestion budgétaire du projet.**
>
> « Je retiens du projet OEEI le cadre parfaitement structuré et la méthode solide qu'est Litchi. Dans nombre de projets, on parle de conduite du changement sans vraiment planter le décor. C'est le contraire qui a été fait dans le projet OEEI – et cela a constitué un vrai plus. »
> **Un pilote opérationnel sur un site nucléaire.**

BONNE PRATIQUE N°3

Le projet au-dessus des structures

Donner un visage et une présence au projet national

Il est primordial que les interlocuteurs du projet, clairement désignés et aisément joignables, sachent se montrer disponibles et à l'écoute du terrain.

Pour autant, le projet doit rester « plus grand » que ceux qui le portent, afin de ne jamais pâtir d'un éventuel changement de leaders.

> *« C'est d'abord dans l'autre que le sujet s'identifie. »*
>
> Jacques Lacan

La démarche OEEI

Durant tout le projet, les acteurs du projet national (chefs de projet, appuis, pilotes d'affaires associés…) constituent autant d'interlocuteurs permanents des 19 sites. Ils jouent un rôle à la fois de managers, de conseillers et de contrôleurs pour chaque équipe locale.

Tous ces intervenants sont connus de l'ensemble des personnels. Ils sont régulièrement présents sur chaque centrale. En effet, les acteurs de l'équipe nationale ont pour mission de s'y déplacer fréquemment. Ils savent se rendre accessibles et être à l'écoute. Ils participent à de nombreux événements locaux comme les évaluations croisées ou les journées à thème.

Leurs visages sont connus. Ces leaders personnifient le projet – soit dans son entier, soit dans certains de ses aspects en particulier. Tous parlent le même langage. La compréhension des problèmes est ainsi facilitée.

> *« Le pilote national était très disponible et accessible. Il s'est également souvent déplacé sur les sites. »*
>
> Un responsable local du traitement des écarts.

> *« Au niveau national, il y avait une petite équipe pragmatique, très solidaire, qui ne s'est pas embarrassée de grands discours. »*
>
> Un ingénieur, pilote de l'affaire « fuites ».

Les résultats

La gestion d'un grand projet est certes une affaire technique, qui nécessite le recours aux outils classiques de programmation et d'ordonnancement. Cela étant, la dimension humaine de cette aventure industrielle est primordiale.

> 🎙 *« L'engagement et la volonté étaient très importants, tant sur le plan budgétaire que sur le plan humain. »*
>
> Un acheteur pour le projet.

Les polémiques sémantiques sont évitées pour se concentrer sur l'action. Les contacts sont facilités et permettent de gagner un temps précieux.

Les acteurs locaux ont confiance dans le niveau national, parce qu'ils savent qu'il les connaît et qu'il maîtrise l'ensemble des aspects techniques. Ils n'hésitent pas à faire appel au projet national pour obtenir de l'aide et, inversement, les arbitrages du projet national sont plus facilement compris et acceptés.

> 🎙 *« Sans l'appui du national, nous aurions été souvent au conflit alors qu'en l'état, peu de gens ont refusé d'entrer dans le projet même si certains n'ont pas totalement basculé dans la dynamique de la démarche. »*
>
> Un pilote opérationnel et inspecteur pair.

Les enseignements

- Pour gérer un projet réparti sur de nombreux sites, avec plusieurs centaines de contributeurs, il est indispensable de donner un visage aux animateurs du projet, aux niveaux local et national.

- Les relations entre les différents niveaux de décision et les échelons locaux et nationaux en sont largement facilitées.

- Il importe de veiller à ce que le projet reste en permanence plus grand que ceux qui le portent et le personnifient.

> 🎙 *« Tous les pilotes opérationnels se connaissaient. Ils n'hésitaient aucunement à échanger leurs bonnes pratiques. »*
>
> Un pilote opérationnel sur un site nucléaire.

« En termes de management, une action marquante a été le changement de chef d'unité, car le précédent était persuadé que la mise en place du projet se ferait simplement en parlant aux différents métiers. Le nouveau directeur d'unité s'est aperçu qu'en combattant pour la réussite d'OEEI, il combattait aussi pour obtenir de meilleurs résultats dans la centrale. »

Un pilote opérationnel sur un site nucléaire.

BONNE PRATIQUE N° 4

Des faits, des actions et peu de discours

Manager par les faits

Le management par les faits repose sur le recours à des outils objectifs (tableaux de bord, évaluations, audits…) dont les résultats ne peuvent donner lieu à polémique.

La réussite du projet passe par des décisions, des arbitrages voire des renoncements perçus comme factuels, donc justes.

> « Qui mieux que vous sait vos besoins ? Apprendre à se connaître est le premier des soins… »
>
> Jean de La Fontaine

La démarche OEEI

L'équipe Projet nationale pilote le projet avec des outils classiques : un tableau de bord, des évaluations formelles par l'Inspection nucléaire, des *reporting* périodiques de chaque centrale, des audits comptables et des visites régulières sur le terrain.

Le tableau de bord, renseigné sur une base mensuelle, comporte des indicateurs de suivi du projet, mais aussi des indicateurs de conduite du changement. Les audits et les évaluations se fondent sur des observations (des constats) tracées, réalisées par des auditeurs ou des évaluateurs externes la plupart du temps. Tous ces éléments reposent sur des faits objectifs.

Le management, les arbitrages budgétaires, les choix de priorités et la stratégie de conduite du projet s'appuient sur des faits tracés.

> « Nous avions fait un bon travail de préparation avant le projet et estimé de façon assez réaliste nos besoins. Cela nous a permis d'avoir un budget important et adapté à nos besoins. Les gens étaient très contents d'avoir des moyens pour faire leur métier d'une belle façon. »
>
> Un responsable local du traitement des écarts.

Les résultats

Le projet a fait l'objet d'un audit détaillé par une entité spécialisée du groupe EDF, de multiples contrôles de la part des commissaires aux comptes et d'une évaluation par l'Autorité de sûreté nucléaire. Aucune de ces actions n'a remis en cause son déroulement, ni donné lieu à des recommandations d'actions complémentaires.

Au début de l'année 2011, le projet a également été examiné par des experts de l'Institut de protection et de sûreté nucléaire (IPSN), mandatés par l'Autorité de sûreté nucléaire, en vue d'un examen en groupe permanent Réacteurs. Il n'a fait l'objet d'aucune remarque négative dans ce cadre, bien au contraire.

> *« L'une des actions marquantes du projet a été la mise en place de contrôles complètement externes, dépassant le seul cadre d'EDF. [...] Toutes les centrales étaient contrôlées par des experts comptables extérieurs (indépendants de la DPN et du projet). »*
> Un responsable de l'appui de la gestion budgétaire du projet.

Toutes ces actions ont été analysées par le projet national, afin d'en tirer les enseignements. À terme, aucune des décisions prises par le projet n'a été remise en cause.

Les enseignements

- Les arbitrages et les renoncements ne sont bien acceptés que s'ils sont ressentis comme justifiés.
- Le management par les faits permet de prendre des décisions étayées et d'éviter des polémiques inutiles lors des arbitrages budgétaires.

> *« En cas de désaccord, les chiffres sont mis en débat avec le management. Les chefs d'unité sont impliqués. Tout fonctionne bien. »*
> Un responsable de l'appui de la gestion budgétaire du projet.

> *« Les budgets doivent être en phase avec les besoins des centrales. Par exemple, les besoins des centrales situées en bord de mer sont plus élevés que ceux des autres sites. La véritable clé de la réussite du MEEI se situera d'ailleurs au niveau local. C'est à ce dernier qu'il incombera de faire bon usage du budget alloué par le national. »*
> Un directeur de l'ingénierie sur un site nucléaire.

« J'ai travaillé dans quatre centrales où les pilotes avaient un vrai poids sur le terrain. Le projet était ambitieux, mais les moyens pour le réaliser et atteindre les objectifs étaient parfaitement adaptés. »

Un acheteur pour le projet.

« Il faut garder cette façon pragmatique de voir les choses, avec le même esprit de convivialité. »

Un ingénieur, pilote de l'affaire « fuites ».

BONNE PRATIQUE N° 5

Faire oublier les anciens réflexes

Délégitimer les anciennes pratiques et références

La mise en œuvre d'un nouveau référentiel d'exigences doit s'accompagner d'un effort de réforme des pratiques précédentes.

À son tour, cette réforme mérite d'être clairement expliquée, de même que les nouveaux standards attendus.

La comparaison avec les pairs s'avère souvent pertinente pour faciliter l'acceptation des nouvelles exigences.

> *« Le monde déteste le changement. C'est pourtant la seule chose qui lui a permis de progresser. »*
>
> Charles F. Kettering

La démarche OEEI

Une tolérance aux petits écarts s'était progressivement installée sur l'ensemble des centrales, pour diverses raisons. Et pour cause, les hommes s'habituent spontanément aux évolutions des installations et à leur dégradation progressive. Qui plus est, l'éloignement général du terrain, lié à l'augmentation des tâches administratives, conduit souvent l'encadrement à ne plus « voir » un certain nombre de défauts techniques ou de comportements inadéquats.

> *« Au départ du projet, il y avait une petite réticence. Elle était due à l'organisation antérieure, qui se faisait en yoyo : on mettait un coup de peinture quand il y avait un contrôle. Pour que cette réticence s'estompe, il a fallu s'appuyer sur des gens qui y croyaient et qui savaient voir les progrès. Ce sont les résultats de terrain qui ont permis de gagner l'adhésion progressive du plus grand nombre. »*
>
> Un pilote opérationnel sur site nucléaire.

En outre, le remplacement progressif de la culture technique, acquise sur le tas par les anciens (notamment les personnels ayant participé au démarrage de centrales dans les années 1980), par une culture davantage liée aux nouvelles technologies de l'information éloigne les jeunes des machines et entraîne la disparition de pratiques de métier jugées « ringardes » (comme le nettoyage soigneux de chaque machine-outil tous les vendredis après-midi).

Enfin, il arrive que la réorientation des choix budgétaires vers des postes « cœur de métier », au détriment de la logistique ou des petits travaux d'entretien divers, conduise à ne plus corriger les petits défauts. Aussi en vient-on à tolérer des suintements ou des goutte-à-goutte, qui deviendront pourtant de véritables fuites et engendreront des soucis d'exploitation.

En conclusion, si justifiées que soient certaines évolutions dans les habitudes (du fait des changements de méthode de travail, de la compétition économique ou encore du niveau et du contenu des formations), il est indispensable d'expliquer en quoi elles ne sont plus acceptables, le cas échéant. Par exemple, la tolérance zéro à l'écart constitue une exigence première pour tout industriel qui travaille en qualité, en particulier les industriels concernés par des processus à risque.

> *« Mon équipe, au départ composée de personnes jugées comme peu utiles dans leur service, est rapidement devenue motivée et efficace. Nous sommes d'ailleurs passés du niveau 5 au niveau 2,5. »*
> Un pilote opérationnel et inspecteur pair.

En matière de conduite du changement, la première tâche consiste donc à mettre en cause les comportements, individuels et collectifs, évoqués plus haut. Des visites de centrales étrangères, des évaluations internationales ou encore des missions d'appui par les équipes de pairs de la WANO permettent d'introduire progressivement de nouvelles références dans les centrales. En l'occurrence, le projet OEEI a permis de délégitimer les anciens standards un à un, au nom de l'efficacité à long terme, de la sécurité des personnes et des biens, de la sûreté nucléaire ou encore de l'environnement, afin de mettre un terme à l'acceptation de niveaux de propreté insuffisants, aux rangements approximatifs, aux fuites non collectées, aux traces de corrosion non traitées, etc.

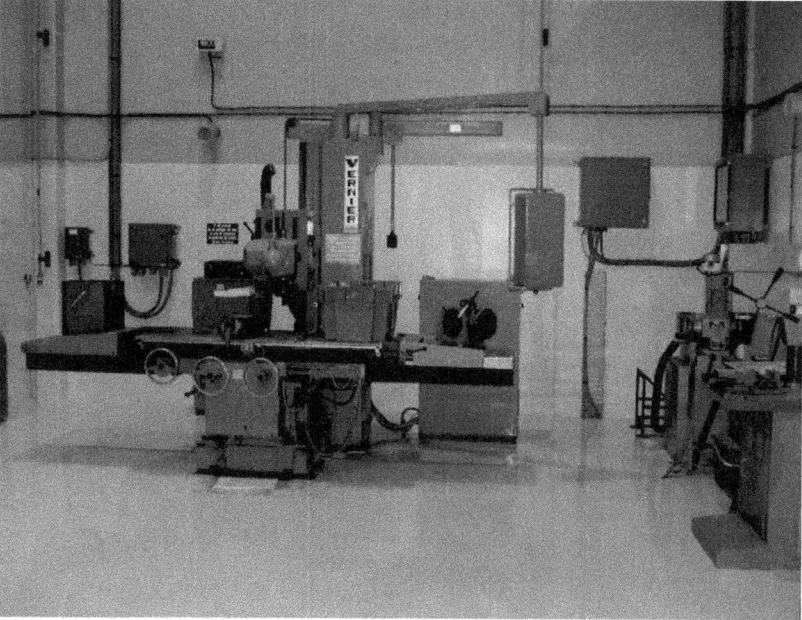

Un atelier de machines outils à la centrale de Saint-Laurent et l'huilerie de Blayais, © EDF

Ces nouvelles exigences, qui ne sont en fait que la réactivation de pratiques de métier éprouvées, entraînent la remise en cause de certains comportements résultant du laxisme (acceptation de standards bas) ou du renoncement (découragement à relever ou signaler les écarts).

> *« Nous ne tolérons plus les mêmes écarts, le niveau d'exigence remonte. Le collectif l'a accepté progressivement. »*
> **Un directeur de site nucléaire, commanditaire.**

Les résultats

Les évaluations initiales et la comparaison avec les meilleures centrales internationales permettent de remplacer progressivement par les nouvelles exigences le standard qui s'était imposé avec le temps.

La démonstration des résultats attendus par le respect de ces exigences accroît, en outre, l'adhésion du personnel.

> *« À travers les travaux, les gens ont vu des changements et des améliorations. Les agents ont vu leurs conditions de travail s'améliorer. »*
> **Un responsable de structure pérenne MEEI.**

> *« En 2009, j'ai visité le site nucléaire de Penly et j'ai été frappé par le fait qu'un ouvrier qui repeignait avait enrobé de mousse toutes les courroies, pour travailler proprement. C'est une démarche que je n'avais jamais observée par le passé. »*
> **Un pilote stratégique, directeur de l'ingénierie sur un site nucléaire.**

Les enseignements

* Il n'est possible d'imposer un nouveau standard, plus exigeant et entraînant le renoncement à des pratiques collectives bien ancrées, qu'après avoir délégitimé l'ancien standard aux yeux d'une majorité d'intervenants.

* Les références internationales, en particulier celles fournies par des organismes étrangers comme la WANO dans le cas d'OEEI, peuvent s'avérer d'un grand secours.

> *« J'ai adhéré au projet dès son lancement car je connaissais l'état des installations à l'étranger. »*
> **Un directeur de site nucléaire, commanditaire.**

« En charge de l'international, j'ai été sollicité pour ma vision à l'international et les éléments de comparaison que je pouvais apporter. Selon moi, le benchmarking avec l'étranger constitue une des forces du projet. S'il ne fallait retenir qu'un élément du projet OEEI pour les futurs projets, je citerais la prise en compte de la dimension internationale. »

Un directeur délégué international.

« Il faut conserver cette envie de se mettre à niveau. »

Un expert peinture et génie civil.

BONNE PRATIQUE N° 6

Parler un langage commun

Développer des méthodes et des process standards

L'uniformisation des méthodes constitue un gage de réussite pour tout projet qui repose sur une assise centralisée et des modes de réalisation diversifiés.

Un niveau national fixe des exigences communes à respecter, et leur mise en œuvre est laissée à l'initiative des projets locaux.

> « Il faut être cohérent. Surtout quand on invente. »
>
> Éric Fottorino

La démarche OEEI

Au démarrage du projet, une enveloppe d'une centaine de millions d'euros est affectée à la construction de bâtiments tertiaires neufs, en complément et/ou en remplacement de bâtiments anciens, obsolètes ou de bungalows de chantier. Jusqu'alors, peu d'efforts avaient été consentis en la matière. Certes, quelques centrales avaient bien engagé des constructions nouvelles au fil des évolutions des organisations, pour accompagner les augmentations d'effectifs notamment mais, de façon inédite, toutes les centrales ou presque allaient construire simultanément de nouveaux bâtiments.

Dans cette perspective, chaque centrale est invitée à évaluer ses besoins puis élaborer un « schéma directeur immobilier ». Ce faisant, il s'agit de dresser le bilan de l'état technique des bâtiments existants mais aussi de leur utilisation actuelle et à venir, en prenant en compte les évolutions des organisations et leurs besoins associés.

C'est seulement à l'issue de cet exercice que peuvent être établis les cahiers des charges des futurs bâtiments. Il importe également de tenir compte des contraintes structurantes induites par la mise en œuvre de plateaux d'activités (certains fonctionnant en horaire continu et d'autres de façon intensive en période de révision de tranche) pour les bâtiments qui les abritent. Sans compter qu'à cela s'ajoutent des demandes de rapprochement géographique de groupes d'acteurs et/ou de bâtiments.

Bâtiment des plateaux d'ingénierie de Fessenheim, © EDF

Plusieurs centrales élaborent des schémas directeurs, dans le cadre desquels le management et les agents peuvent formuler leurs attentes. Il est à noter que des bâtiments sont également envisagés pour répondre aux besoins de logement/relogement des prestataires.

Si une telle démarche s'avère séduisante et efficace en ce qu'elle permet une large expression des besoins, elle peut aussi constituer une source de coûts non maîtrisés en cas de propositions foisonnantes et multiformes. Si l'on y ajoute la diversité géographique des centrales et le recours imposé à des fournisseurs locaux, toutes les conditions d'une dérive des dépenses sont rapidement réunies. À cet égard, la logique mise en œuvre dans l'industrie automobile se révèle particulièrement efficace : une plate-forme unique permet d'élaborer, suivant un même modèle, une très grande variété de véhicules qui ne se ressemblent en rien.

« *En termes de conduite du changement, une structure assez solide a été instaurée, avec la mise en place d'un plateau qui regroupait toutes les personnes travaillant pour le projet.* »

Un responsable de structure pérenne MEEI.

Dans le cadre du projet national OEEI, un référentiel est établi pour la construction des nouveaux bâtiments non industriels, l'objectif étant d'assurer un déploiement organisé et standardisé en :

- guidant l'expression des besoins ;
- standardisant les espaces tertiaires à construire (avec la définition d'une typologie d'espaces) ;
- minimisant les délais de construction ;
- optimisant et homogénéisant les coûts de construction.

Ce référentiel permet :

- de rendre objectif et d'encadrer les besoins des utilisateurs, dans chacune des centrales ;
- de définir et décrire les procédés relatifs à la construction appropriés ;
- de définir des prescriptions générales applicables à toutes les constructions de bâtiments tertiaires dans les centrales ;
- de définir et maîtriser les enveloppes budgétaires d'opérations, toutes dépenses confondues.

Les résultats

En trois ans, 13 bâtiments ont été conçus et livrés, construits par 9 entreprises différentes. Tous sont originaux dans leur aspect, leur design, leurs dimensions et leurs objectifs propres. Pourtant ils sont construits selon les mêmes principes techniques, énoncés dans le référentiel. Leur coût au m^2 SHON (surface hors œuvre nette, c'est-à-dire la surface de plancher d'une construction au regard du permis de construire) se situe toujours dans la même fourchette, de l'ordre de 1 500 euros. Grâce au référentiel, le budget initial a pu être réduit de plus de 20 % à périmètre égal de réalisation. Les délais de construction ont été systématiquement tenus.

Ce programme a même permis de construire l'un des premiers bâtiments industriels basse consommation (BBC) en France.

Bâtiment de pilotage de Cattenom (1er BBC industriel en France), © EDF

Les enseignements

- La standardisation permet de conserver une cohérence tout en autorisant un certain degré d'autonomie. Aussi, tout projet de transformation de grande ampleur doit-il s'appuyer sur des procédures et des processus standardisés.
- Elle permet également de maîtriser les coûts et les délais.
- L'uniformisation des méthodes constitue un gage de réussite.

> *« Les sites nucléaires sont homogènes car ils ont eu recours au même processus. »*
> Un responsable de structure pérenne MEEI.

BONNE PRATIQUE N°7

Prévenir vaut mieux que guérir

Penser et organiser le partage de l'information le plus en amont possible

Partager ses idées, ses réussites ou ses expériences ne va pas de soi. Plusieurs conditions doivent être réunies : une confiance pleine et entière, une réciprocité naturelle et réelle, des solutions aisées à mettre en œuvre et un échange gagnant-gagnant.

La mise à disposition d'un outil performant de communication et de partage de l'information s'avère également indispensable.

> « Bien informés, les hommes sont des citoyens. Mal informés, ils deviennent des sujets. »
>
> Alfred Sauvy

La démarche OEEI

La première initiative du projet national OEEI en la matière consiste à créer les conditions visant à faciliter et organiser les futurs partages d'expérience.

Le premier élément à partager, dans ce type de projet, est l'information. Aussi est-il nécessaire de mettre en place un espace ouvert de communication et d'information, accessible à tous et dans lequel chacun peut trouver toutes les données utiles à son activité. Une base de données commune est donc mise en place en même temps que le projet national.

Sous la forme d'un forum, elle comporte une partie documentaire et une partie gestion des réunions (sous quelque forme que ce soit). Elle s'ouvre sur un espace commun, géré par le niveau national, qui comporte des informations basiques :

- le référentiel des exigences de l'état des installations ;
- l'annuaire général ;
- le calendrier de toutes les activités communes ;
- le journal (en l'occurrence, un bimensuel) ;
- le planning global.

Cet espace commun recense, en outre, des informations d'intérêt général :

- le tableau de bord et les indicateurs ;
- les séminaires et les partages d'expériences ;
- les évaluations des centrales ;
- l'espace de partage des bonnes pratiques ;
- un espace communication.

Enfin, il propose des liens avec d'autres projets ou bases de données.

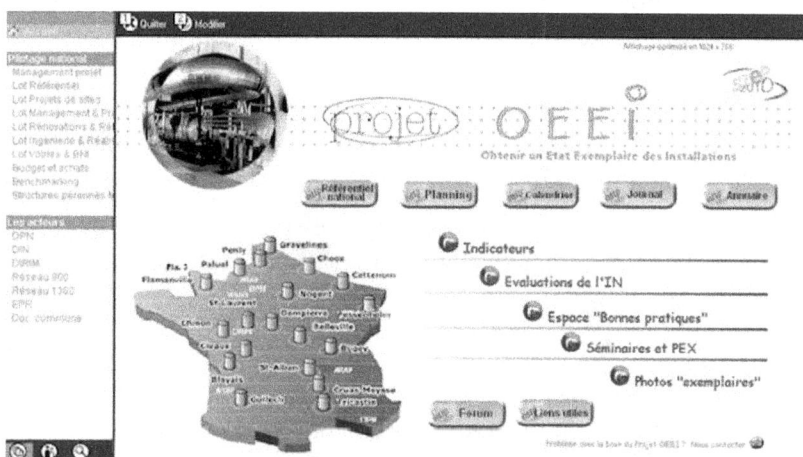

Page d'accueil de la base de données OEEI, © EDF

Sa mise à jour est permanente. C'est d'ailleurs une condition *sine qua non* pour garantir la crédibilité de l'ensemble.

> « *Grâce à la base de données, toutes les centrales pouvaient partager leurs résultats et prendre connaissance de ce qui se faisait dans les autres centrales.* »
>
> Un ingénieur, appui au pilote opérationnel local.

La documentation commune est rassemblée et mise à disposition du réseau tout entier, même si chaque projet local possède également son propre espace dans la base, qu'il peut gérer comme il l'entend. Le cas échéant, les données sensibles sont protégées en faisant l'objet de restrictions d'accès.

Le partage de l'information est également assuré au travers de l'organisation d'audioconférences périodiques. Au démarrage du projet, ces conférences sont bimensuelles ; elles peuvent ensuite s'espacer au fur et à mesure de son avancement, pour finalement devenir mensuelles. Chaque audioconférence donne lieu à un compte rendu rédigé en temps réel, donc immédiatement disponible.

Enfin, la recherche documentaire est facilitée par la mise à disposition d'outils adaptés.

Au total, la volumétrie de la base de données connaît une augmentation constante. Sa maintenance exige une mise à jour permanente, comparable au travail d'un *webmaster*. À la mi-2011, elle représente 20 giga-octets, recense 4 000 documents et enregistre 150 connexions par jour en moyenne.

Les résultats

En matière de partage de l'information, les résultats sont conformes aux attentes.

Tout d'abord, une promotion simple et rapide du forum OEEI a été organisée au tout début du projet, avec l'aide de ses concepteurs.

Ensuite, grâce à une communication fluide, les échanges ont été facilités et d'importants gains de temps ont été constatés.

Enfin, aucun acteur n'a été mis à l'écart, dans la mesure où tous les membres du réseau ont eu accès à l'intégralité de l'information.

Les enseignements

- Plus le projet est important et implique un grand nombre d'acteurs, plus la communication est cruciale.
- Un outil performant de communication et de partage de l'information doit être mis en place le plus tôt possible dans le déploiement du projet.
- Cet outil nécessite, pour être efficace, d'être pensé par avance et testé avant sa mise en service (car une fois lancé, il n'est en général plus modifiable).

> « Le fait d'avoir un seul outil qui rassemble toutes les informations est une idée à garder pour les futurs projets à la DPN. Les informations sont partagées et fournies par l'ensemble des centrales.

Transparence et visibilité sont les maîtres mots. C'est essentiel pour les projets qui descendent du national vers le local. Cela donne confiance. »

Un responsable de la conception de la base de données OEEI.

En résumé, la mise à disposition d'un outil de communication est indissociable de la conduite du changement. Il en est même le vecteur permanent.

Des cartes pour trouver le chemin

Recourir à des outils d'évaluation objectifs et lisibles

Aucun pilotage n'est possible sans mesure. À cet égard, l'observation des éventuels écarts entre la situation réelle et la situation attendue est indispensable pour faire avancer le projet.

La qualité des données recueillies requiert des instruments de mesure objectifs et consensuels.

> « On ne peut évaluer ses compétences dans un domaine que l'on ne connaît pas. »
>
> Jean-Louis Étienne

La démarche OEEI

Le domaine « état des installations » recouvre à la fois le respect de nombreuses exigences issues de réglementations externes et internes à l'entreprise, celui des spécifications techniques relatives à la construction des installations mais également d'autres aspects moins formellement décrits, tels que le génie civil, la propreté, les risques d'incendie, le repérage, l'état apparent des matériels ou encore les dispositions en matière de sécurité.

Le niveau atteint en la matière est un bon indicateur, à la fois :

- du niveau d'exigence du management et de son respect ;

- de la qualité des activités d'exploitation et de maintenance ;

- de l'implication du personnel, et de la fierté dont il fait preuve ;

- de la marque de respect de la direction d'entreprise envers son personnel et ses prestataires.

Au sein du processus d'évaluation globale des centrales mis en œuvre par l'entreprise, l'évaluation quantitative de l'état des installations a toute son importance.

D'abord, parce qu'elle procède d'une démarche ascendante, à partir des résultats observés sur le terrain (contrairement à une approche descendante, fondée sur les intentions et les organisations).

Ensuite, parce qu'elle fournit très rapidement, ne serait-ce que du fait du nombre significatif d'observateurs, une grande quantité d'éléments observés et généralement peu contestables. Cette technique de recueil de preuves peut sembler superficielle. Toutefois, les constats tirés de ces observations peuvent et doivent être exploités dans les différents domaines de l'évaluation d'une centrale.

Enfin, parce qu'elle offre de multiples occasions d'apprécier très concrètement le niveau de culture de sûreté de chaque centrale.

Qui plus est, au-delà des faits observés, la visite des installations permet de se forger une impression globale sur leur état. La qualité de leur entretien révèle, en effet, la qualité des hommes qui les servent ou, pour le dire autrement, la qualité de l'exploitation des centrales.

À terme, l'évaluation de l'état des installations a pour objectif de fournir à la direction (des centrales et de l'entreprise) une vision aussi complète et objective que possible de la situation de chaque centrale au regard des différents thèmes du référentiel OEEI.

Aussi s'agit-il de :

- s'assurer que les installations étaient dans un état conforme aux objectifs d'excellence de l'industrie nucléaire ;
- recueillir des faits observables sur le terrain et de les utiliser en transverse, afin de favoriser la mise en œuvre d'actions d'amélioration.

Il convient de préciser ici que l'appellation « état des installations » recouvre à la fois l'état général des lieux (sous l'angle du génie civil, de la propreté, de l'ordre, du rangement ou du respect des règles, notamment en matière de signalisation et d'affichage), l'état physique apparent des installations, locaux, équipements, matériels ou encore chantiers, ainsi que leur aptitude (visuelle) à répondre aux exigences de conception.

En dépit des difficultés inhérentes à toute tentative de classification et de découpage d'un domaine naturellement transverse, le domaine spécifique de l'état des installations d'une centrale peut être subdivisé en différentes rubriques ou thèmes. Outre la rubrique relative au rangement et au maintien en état de propreté des lieux (locaux, installations et chantiers), plusieurs autres rubriques peuvent concerner l'état général de la voirie, des bâtiments et du matériel ainsi que leurs conditions d'entretien ou leur disponibilité. Ces rubriques peuvent ensuite être détaillées en sous-rubriques. Il s'agit là d'un découpage arbitraire dont l'origine remonte aux premières inspections globales de sûreté, menées dans les années 1990 dans l'ensemble des centrales. Il est à noter qu'un découpage similaire a été adopté par différentes institutions internationales, comme l'AIEA ou la WANO.

L'évaluation de l'état des installations de chaque centrale est déclinée suivant les huit rubriques suivantes :

- voirie/génie civil ;

- propreté/rangement ;

- repérage/étiquetage/affichages/condamnations ;

- incendie (prévention/lutte) ;

- intégrité des circuits/fuites/confinement ;

- électricité/éclairages/téléphonie ;

- état des matériels mécaniques/dispositions antisismiques ;

- matériels de sécurité et de radioprotection.

L'exercice consiste à noter (et éventuellement photographier) l'ensemble des écarts entre la situation observée et la situation attendue. Les constats positifs s'avèrent particulièrement importants pour faire progresser les centrales.

Les performances (ou normes) associées aux huit rubriques citées plus haut sont développées dans le référentiel d'exigences. Toutes ne pouvant cependant pas être strictement normées, il convient d'évaluer les écarts en adoptant le regard d'un propriétaire d'installations, c'est-à-dire avec bon sens et pragmatisme.

Le recueil des éléments est effectué sur le terrain au cours des visites des installations, tant par des « experts » (membres de groupes d'inspection ou d'audit du niveau national) que par des membres des centrales formés aux exigences du référentiel. Cette observation de terrain, dont tout découle, est fondamentale. À cet égard, la qualité des observations recueillies est tout aussi primordiale.

La méthode d'analyse est de nature principalement statistique : les constats (positifs comme négatifs) recueillis sont « pesés » selon leur importance (conséquences potentielles) afin d'apprécier le niveau de maîtrise des centrales pour chaque rubrique élémentaire d'évaluation. Une combinaison linéaire, dans laquelle chaque rubrique élémentaire est affectée d'un « poids », permet d'agréger tous les résultats et d'affecter une note globale.

Cette méthode permet de coter un bâtiment, une zone ou une centrale entière. Elle est appliquée de façon identique dans l'ensemble des centrales. Ses principes ont été développés dans les années 1990 puis sans cesse améliorés. Leur mise en application dès l'origine du projet a garanti un traitement identique de chaque centrale.

Les résultats

Cette méthode d'évaluation favorise :

- le pilotage du projet au niveau de chaque centrale ;
- la comparaison de l'ensemble des centrales entre elles, indispensable au niveau national, sur des bases objectives.

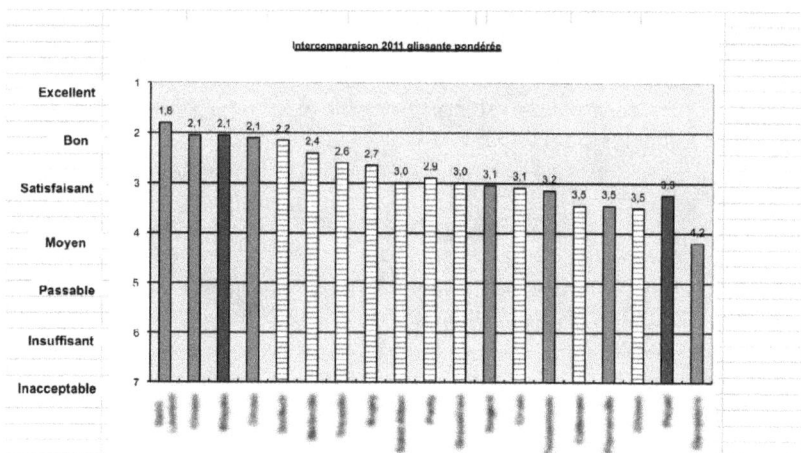

**Exemple de mesure de la progression de 12 sites courant 2010
(groupe permanent Réacteurs du 20 janvier 2011), © EDF**

Ce type d'outil permet d'aisément distinguer les domaines en progrès et ceux qui sont en difficulté, tant à l'échelle de chaque centrale que globalement. Il permet aussi d'orienter les choix budgétaires et de procéder, le cas échéant, à des arbitrages.

En l'occurrence, lors du développement du projet, il a notamment permis de cerner les difficultés rencontrées en matière de maîtrise des fuites, puis de mettre en place les dépositions correctives appropriées.

En conclusion, les résultats chiffrés des évaluations constituent des éléments objectifs de comparaison entre centrales, rarement, pour ne pas dire jamais, contestés par les managers.

Les enseignements

* Aucun pilotage n'est possible sans mesure : qui n'évalue pas, ne manage pas. C'est la raison pour laquelle un instrument de mesure crédible et effectivement déployé est indispensable à la conduite du changement et à la réussite de tout projet de transformation. Il n'est pas de mesure crédible sans instrument de mesure validé et incontesté. Il est indispensable que les indicateurs utilisés pour piloter un grand projet fassent l'objet d'un consensus. Leurs résultats ne doivent pas porter à polémique. À cet égard, les instruments choisis doivent être lisibles et les résultats tracés et vérifiables.

* La mesure des performances constitue l'un des leviers les plus stimulants pour faire progresser les centrales.

> *« Un suivi solide est indispensable pour maintenir l'état des installations au niveau. »*
>
> Un acheteur pour le projet.
>
> *« J'ai eu à mes côtés une personne en détachement pour les constats de conduite, pendant six mois. Elle me proposait son aide et m'envoyait des constats régulièrement, car elle avait conscience de l'importance du projet et des gains qu'il pouvait apporter. »*
>
> Un responsable local du traitement des écarts.

BONNE PRATIQUE N° 9

« Je vais faire, je fais, j'ai fait »

Mesurer en continu la progression des changements culturels

Mesurer en continu les évolutions culturelles participe pleinement de l'évaluation de l'état d'avancement général du projet.

À ce titre, le recours à un baromètre de perception de la conduite du changement est très intéressant.

> « Ce n'est pas assez de faire des pas qui doivent un jour conduire au but, chaque pas doit être lui-même un but en même temps qu'il nous porte en avant. »
>
> Goethe

La démarche OEEI

Dans le cadre de la méthode Litchi, le principe d'un baromètre de perception de la conduite du changement est adopté pour mesurer les niveaux de connaissance, de compréhension, d'adhésion et de participation des utilisateurs au projet de changement.

Un questionnaire, élaboré avec les premières centrales à avoir adopté la méthode Litchi, est diffusé à toutes les centrales, ce qui permet de consolider l'ensemble des résultats du parc nucléaire. Les différentes questions sont adaptées en fonction des spécificités de chaque centrale sans que cela nuise à la cohérence de l'ensemble. Par exemple, lorsqu'il s'agit de mesurer les outils de communication, le questionnaire est personnalisé en reprenant les titres de chaque journal local.

Dans le cadre du projet, les centrales recourent au baromètre au moins une fois par an – certaines même deux ou trois fois. Le questionnaire est envoyé à tous les agents, par messagerie électronique. Tout au long du projet et quelle que soit la centrale, le taux de réponse a été de l'ordre de 30 % en moyenne. Grâce à l'interprétation systématique des résultats, l'une des centrales a pu régulièrement actualiser son « plan de transition » avant de le présenter lors des réunions de direction ou d'encadrement.

En 2011, le baromètre a été mis à jour afin de pouvoir s'appliquer au mode pérenne. Un atelier regroupant des représentants de chaque centrale a d'ailleurs été consacré à ces évolutions indispensables.

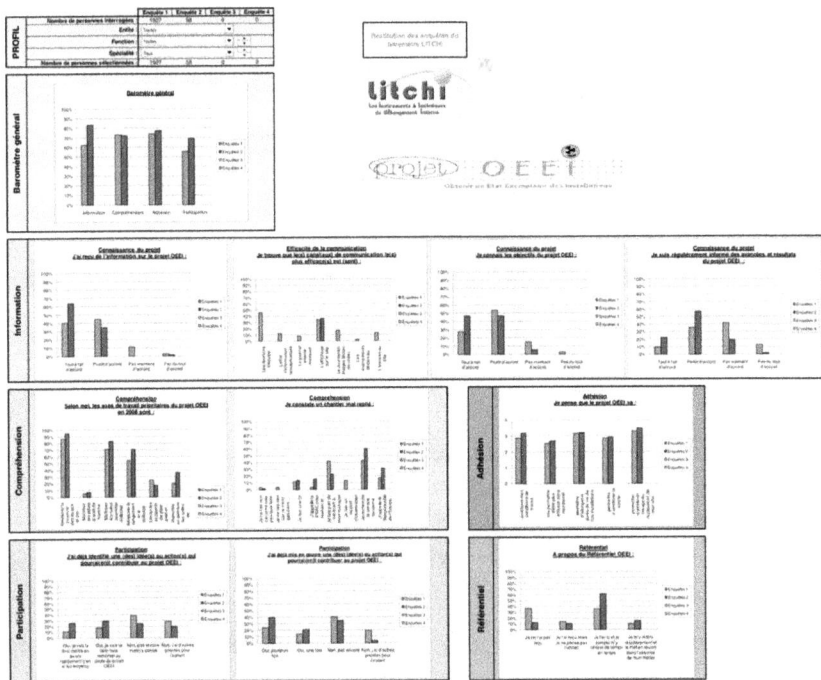

Extrait de restitution des enquêtes du baromètre Litchi, © EDF

Les résultats

Les résultats s'avèrent intéressants à plusieurs titres, ne serait-ce qu'en fournissant l'occasion de consolider les visions de centrales très différents et aux cultures propres. De ce point de vue, peut-être le nombre de données recueillies a-t-il été trop élevé ? En effet, le module de calcul est arrivé à saturation dès la première consolidation. Quoi qu'il en soit, au final, ces nombreuses données permettent de disposer d'informations très riches.

Le taux de notoriété du projet est très significatif, dès les premières enquêtes menées en 2008. En 2011, il dépasse 60 %

sur l'ensemble des centrales. Les résultats qui présentent la plus nette amélioration d'une enquête à l'autre concernent la thématique « compréhension du projet ».

En revanche, le taux global de participation, certes élevé dès le départ, reste stable au fil du temps. La très forte participation des populations cadres et dirigeantes (jusqu'à 80 %) témoigne de leur soutien au projet. Pour autant, les fonctions d'exécution ne sont pas en reste, avec des taux de compréhension jusqu'à 70 %, des taux d'adhésion jusqu'à 55 % et des taux de participation jusqu'à 45 %.

Ces résultats sont directement exploitables par les centrales, dans le cadre du pilotage du plan de conduite du changement.

Les enseignements

- Le baromètre de la conduite du changement constitue un outil privilégié de la méthode Litchi. Utilisé à grande échelle et sur une période longue, il est même validé comme instrument consubstantiel à cette méthode.

- Le baromètre de la conduite du changement a également fait ses preuves pour ce qui est de la mesure des évolutions culturelles. En ce sens, il est indispensable pour compléter les mesures d'avancement des travaux.

> « D'un point de vue personnel, le projet OEEI a été très positif, notamment parce qu'il a constitué une occasion, pour moi qui travaillait chez EDF depuis trois ans, de visiter les différentes centrales nucléaires. »
>
> Un inspecteur EDF.

> « Il importe de prévoir des inspections régulières pour que le mode pérenne fonctionne bien. »
>
> Un inspecteur EDF.

Partager l'incertitude pour rester unis

Instaurer un climat de confiance en partageant l'expérience

La confiance réciproque entre les acteurs, mais aussi des acteurs envers le projet, nécessite de favoriser les synergies, mutualiser les réflexions et partager les expériences – mais aussi les doutes et les interrogations, le cas échéant.

> « Combien de choses nous eussent paru impossibles si l'expérience ne nous avait fait savoir qu'elles ne le sont pas ! »
>
> Pierre Nicole

La démarche OEEI

L'organisation de journées de partage d'expérience s'avère indispensable pour répondre à plusieurs attentes :

- créer des liens entre les 19 pilotes des projets locaux, géographiquement dispersés et isolés ;
- identifier des espaces d'échange sur des problématiques spécifiques (et souvent nouvelles) ;
- développer des réseaux de référents, c'est-à-dire de correspondants spécialistes de certains thèmes dans chaque centrale.

Quoi qu'il en soit, l'objectif premier des PEX est de créer un climat de confiance réciproque, propice à l'entraide et à l'émergence de synergies.

> « Le projet a été mené de main de maître, avec des PEX qui étaient aussi agréables qu'efficaces. »
>
> Un pilote opérationnel.

Le format de ces journées est simple : chaque PEX se déroule dans une centrale hôte, rarement à Paris. Ce choix revêt une symbolique forte. En effet, il témoigne que le projet est avant tout local, tandis que le niveau central intervient plus en appui qu'en prescripteur. En outre, il met en valeur les efforts fournis par les équipes locales.

La centrale en charge de l'accueil d'un PEX a, en règle générale, une affinité particulière avec le sujet à traiter : soit qu'elle le domine, soit qu'elle éprouve des difficultés particulières et entend progresser dans ce domaine précis.

> « Je me souviens d'une soirée très agréable en plein été, avec un repas organisé au cours d'une revue de site où la convivialité était assez marquante. »
>
> Un pilote de l'affaire « fuites ».

La veille de chaque PEX, un accueil est organisé dans la centrale concernée, qui propose une visite de ses installations et réalisations. Cette visite constitue aussi l'occasion, pour les pilotes de projet, de discuter sur le terrain des problèmes concrets qu'ils rencontrent. À l'issue de la visite, une activité conviviale est proposée pour la soirée (visite d'un site touristique, d'un site industriel voisin…). Le plus souvent, la soirée se prolonge en longues discussions qui permettent à chacun de s'exprimer facilement.

Une soirée conviviale à proximité de Fessenheim, © EDF

Un séminaire sur les techniques de nettoyage industriel, © EDF

Le PEX en tant que tel se déroule en plusieurs phases :

- interventions des centrales participantes, témoignages, présentation de bonnes pratiques… ;
- interventions de l'équipe Projet nationale, avec éventuellement des contributions d'invités (constructeurs, exploitants étrangers…) ;
- tables rondes sur des sujets préalablement identifiés en fonction des difficultés rencontrées.

Chaque journée donne systématiquement lieu à des comptes rendus, voire à des décisions qui engagent le projet national.

En moyenne, quatre journées de partage d'expérience sont organisées chaque année et chaque centrale reçoit au moins une fois un PEX. La fréquentation est très importante. Rares sont les centrales absentes lorsqu'un PEX est organisé, y compris en période de grève des transports en commun.

> « Les PEX sont synonymes de plaisir, de convivialité et d'efficacité. »
>
> Un pilote opérationnel.

En outre, bien que les effets de ces manifestations soient difficilement mesurables, toutes les centrales se sont exprimées en faveur de leur maintien et de leur développement – y compris celles qui ont conduit leur projet à son terme.

Les résultats

Les PEX sont gages :

- d'une synergie importante ;
- d'une mutualisation aisée des problématiques rencontrées ;
- de gain de temps ;
- de confiance des pilotes ;
- d'une résolution facilitée des problèmes.

> *« Il existait une entraide forte entre les centrales, que le projet a réussi à susciter. Les PEX, les e-mails et la base OEEI étaient autant d'éléments qui permettaient d'avoir un retour immédiat en cas d'interrogation. »*
>
> Un ingénieur, pilote de l'affaire « fuites ».

Les enseignements

La mise en œuvre de journées de PEX requiert d'importants efforts, mais les règles sont bien établies.

- Le sujet doit être clair et répondre à des besoins ou des demandes partagés.
- Le message national doit être préparé.
- Chaque centrale doit apporter sa contribution.
- Le volet convivialité doit être particulièrement soigné.
- Les participants doivent repartir en ayant le sentiment d'avoir appris quelque chose et en ayant clairement conscience de ce qu'ils doivent engager pour progresser sur tel ou tel sujet.
- Des prestataires peuvent être invités lors de certains PEX, ce qui contribue tant à les valoriser qu'à accroître leur motivation.

BONNE PRATIQUE N° 11

Susciter des regards croisés

Croiser les regards et consulter les pairs

Les autoévaluations croisées permettent de corriger les éventuels écarts entre la réalité et la situation attendue. Elles constituent ainsi un levier de pilotage, ainsi qu'un paramètre à part entière du contrôle interne.

Le regard des pairs compte même parmi les outils de progrès les plus efficaces.

> « Le discernement est la principale fonction du juge et la qualité nécessaire du jugement. »
>
> Jean-Bénigne Bossuet

La démarche OEEI

L'autoévaluation de l'état des installations est lancée en 2008 sur l'ensemble des centrales. Cette démarche vise principalement à suivre, local par local ou zone par zone, l'évolution de l'état des installations. Dans les centrales, elle permet de piloter finement les réalisations de travaux ou les dispositions managériales de nature à corriger les faiblesses identifiées.

Cette approche permet également de disposer d'une évaluation globale et tracée de l'état des installations, comparable d'une centrale à l'autre et aisément auditable. Elle constitue, de ce fait, une approche pérenne.

L'autoévaluation de l'état des installations répond à plusieurs besoins :

* obtenir en continu, et de façon pérenne, une cotation des locaux ou de zones plus larges, cotation exprimée par un chiffre permettant d'apprécier l'évolution de leur état ;
* obtenir, pour l'ensemble de la centrale, à la fois une cotation globale et une cotation pour chacune des huit rubriques évaluées pour l'état des installations, de façon analogue et comparable aux évaluations pratiquées par le niveau national ;
* observer la progression de ces cotations.

L'autoévaluation représente également un paramètre à part entière du contrôle interne. C'est un document tracé et auditable. En l'occurrence, elle est réalisée au moins une fois par an sur l'ensemble de l'installation. Elle fait l'objet d'une cotation au même titre qu'une évaluation externe. Elle est identique à celle qui est pratiquée dans le cadre du projet national. Et pour cause, elle est effectuée sur la base du référentiel national OEEI. Le cas échéant, ses résultats peuvent être corrigés périodiquement, à l'occasion des évaluations externes.

L'évaluation se fonde sur la mesure des écarts constatés entre l'état observé de l'installation et l'état requis par le référentiel. Les écarts collectés sont classés suivant le découpage analytique du guide d'évaluation de l'Inspection nucléaire, en rubriques et sous-rubriques. Cette méthode permet de disposer d'une vision homogène, à un instant donné, de l'ensemble de la centrale.

Il est toujours intéressant, pour une centrale, d'inviter un ou plusieurs pairs d'autres centrales (ou un membre de l'équipe Projet nationale), afin de croiser les regards et de disposer d'un point de vue extérieur, éventuellement plus critique et objectif. C'est, en général, ce qui s'est pratiqué dans l'ensemble du parc. Et le regard des pairs est souvent impitoyable !

Regards croisés lors d'une visite à Paluel, © EDF

Les autoévaluations croisées donnent d'ailleurs lieu à des collectes significatives de remarques et d'écarts, qui constituent autant de remises en cause pour les centrales parfois un peu trop sûres de leurs performances.

Les résultats

Cette approche a convaincu, par ses résultats, l'ensemble des directeurs des centrales, qui l'ont massivement approuvée.

L'exercice d'autoévaluation croisée représente certes une épreuve difficile et frustrante, mais elle livre une image sans fard de chaque installation. Il constitue l'un des outils de progrès les plus efficaces et les plus redoutables du projet. L'autoévaluation croisée ne laisse personne indifférent et touche directement les managers. Qui plus est, son résultat est d'autant plus difficile à contester que l'exercice est effectué avec les équipes de la centrale d'accueil, sans enjeu extérieur ou pression d'aucune sorte.

Preuve supplémentaire, s'il en faut une, de l'efficacité de ce levier, les trois centrales de la zone sud-ouest, qui ont été les premières à mettre en œuvre systématiquement l'autoévaluation croisée, sont également les premières à atteindre l'objectif du niveau « bon » international.

> « Les évaluations étaient également des actions très marquantes. »
>
> Un pilote opérationnel évaluateur.

Les enseignements

- Le regard des pairs représente un remarquable levier de progrès. C'est un auxiliaire précieux dans la conduite du changement. En effet, s'il est aisé de contester en interne la justification ou la pertinence d'un changement voulu par le management, il est nettement plus délicat de le faire lorsque des collègues, travaillant dans les mêmes installations, dans les mêmes conditions et avec les mêmes exigences, apportent des preuves non seulement de la possibilité de changement, mais également de la valeur ajoutée des changements déjà opérés.

- Qui plus est, le regard des pairs complète utilement l'émulation que suscitent les résultats des évaluations externes. Au-delà de la compétition naturelle entre projets, l'émulation liée aux échanges entre pairs constitue un levier efficace et bien accepté.

> « Le point de départ du changement de perception est variable selon les centrales. Les PEX et les évaluations croisées constituent de véritables déclencheurs. Ils permettent de juger du niveau d'avancement des autres centrales. OEEI a été un projet globalement très bien perçu. »
>
> Un ingénieur, appui au pilote opérationnel local.

Bonne pratique N° 12

Grand projet, « dessine-moi un mouton »

Diversifier les outils de communication et encourager la créativité

La communication, institutionnelle mais aussi opérationnelle, constitue un vecteur fondamental de la gestion de projet et de la conduite du changement.

La variété des outils de communication permet à l'ensemble des acteurs d'exprimer leur créativité.

> « Les entreprises qui survivront demain sont celles qui encouragent la créativité aujourd'hui. »
>
> Maurice Zeldman

La démarche OEEI

Comme dans tout grand projet, la communication occupe une place essentielle dans OEEI.

« Communiquer, c'est intervenir pour changer la réalité d'autrui. » Parce que la communication constitue l'un des principaux leviers de la conduite du changement, mais également l'un des plus difficiles et périlleux à mettre en œuvre, il est indispensable d'accorder la plus grande attention à la préparation des messages et autres actions de communication.

À partir du diagnostic sociologique réalisé en début du projet, il s'agit de déterminer le positionnement global de la communication puis de définir, par type de population, les messages appropriés à diffuser. Les actions et médias les plus pertinents doivent également être identifiés en vue d'élaborer un plan de communication.

La stratégie de communication vise à :

- faire connaître et faire comprendre au plus grand nombre les objectifs du projet et les fondements de sa légitimité (en l'occurrence, les gains attendus) ;

- présenter les exigences fondamentales relatives à l'état des installations ;
- rendre visible l'avancement du projet.

Si tous les personnels sont, en pratique, plus ou moins concernés par le projet, certaines populations peuvent se voir confier un rôle plus conséquent en matière de communication. Au niveau national, par exemple, sont identifiés comme cibles prioritaires :

- les directions et les personnels dirigeants ;
- les personnels directement associés au projet (réseaux de centrales, experts, prestataires directement impliqués…) ;
- les prestataires nationaux ;
- les VIP (leaders d'opinion, visiteurs de marque…).

Quant aux médias disponibles, ils sont de différentes natures. D'une part, des médias dits « froids » :

- journaux institutionnels ;
- réseau vidéo interne, écran de veille d'ordinateurs ;
- brèves d'information ;
- journal destiné à l'externe ;
- affichage interne ;
- Intranet…

Outils et supports de communication OEEI, © EDF

> *« Pour susciter l'adhésion du personnel, le management était très présent sur le terrain et un important travail de communication a été effectué, notamment avec le tournage de films. Au fur et à mesure que les progrès se faisaient sentir, les agents sont devenus de plus en plus demandeurs. »*
>
> Un pilote opérationnel.

D'autre part, des médias dits « chauds » :

- réunions du personnel, réunions de service, réunions de sections, réunions cadres ;
- séminaires de direction ou d'équipes de travail ;
- entretiens individuels ;
- visites de terrain…

Si le niveau national élabore une stratégie de communication et définit la coordination des différentes équipes de communicants, chaque centrale construit, localement, sa propre stratégie en cohérence avec celle du niveau national, avec ses propres outils et ses propres messages.

> *« La communication a été un facteur clé de la bonne gestion du projet, avec des newsletters envoyées à tous les managers qui devaient ensuite communiquer à leur section. »*
>
> Un pilote opérationnel et inspecteur pair.

Il est ici intéressant de noter que l'équipe Projet nationale a délibérément exclu d'éditer des plaquettes et autres journaux ou vidéos destinés à « arroser » l'ensemble des centrales. Ce type d'initiative est d'ailleurs souvent mal perçu à l'échelle locale, car il ne permet aucune appropriation. La plus grande confiance a ainsi été accordée à la créativité des centrales, dans leur diversité. Ce choix peut sembler à la fois peu efficace en termes de coûts (l'effet volume et quantité ne joue pas) et risqué en termes d'homogénéité des messages. Cependant, dans les faits, c'est le contraire qui s'est produit : les messages ont été coordonnés par le réseau des pilotes opérationnels du projet, sur la base du plan de communication national, ainsi que par la filière communication du parc des centrales nucléaires, alignée sur le même plan.

Les actions de communication engagées par les centrales sont recensées dans la base de données et les moyens permettant de les réutiliser ou les dupliquer sont mis à disposition, y compris en prévision de mutualiser les achats.

> *« Les échanges nous permettaient de démarcher au niveau national et de faire jouer les économies d'échelle. C'était très important de pouvoir disposer d'outils comme la base OEEI, qui permet au travail de recherche et de mise en place de certains outils de bénéficier à toutes les autres centrales. »*
>
> **Un responsable local du traitement des écarts.**

Les résultats

Les centrales font preuve d'une grande initiative et d'une réelle créativité.

La plupart d'entre eux publient régulièrement des articles et certains tournent même des vidéos, mettant en scène les équipes locales afin de promouvoir les bonnes pratiques ou de mieux faire connaître les exigences.

En outre, différents formats sont retenus pour lister les exigences : plaquette, livret, affiche ou même un « format carte de crédit ».

Sans compter les différents objets promotionnels, frappés du logo et/ou du slogan du projet (avec de possibles déclinaisons locales) :

- lampes de poches rechargeables ;
- sacs à dos ;
- kit d'outillage ;
- calendriers ;
- vestes de chantier ;
- stylos ;
- tee-shirts ;
- autocollants…

Une affiche OEEI, © EDF

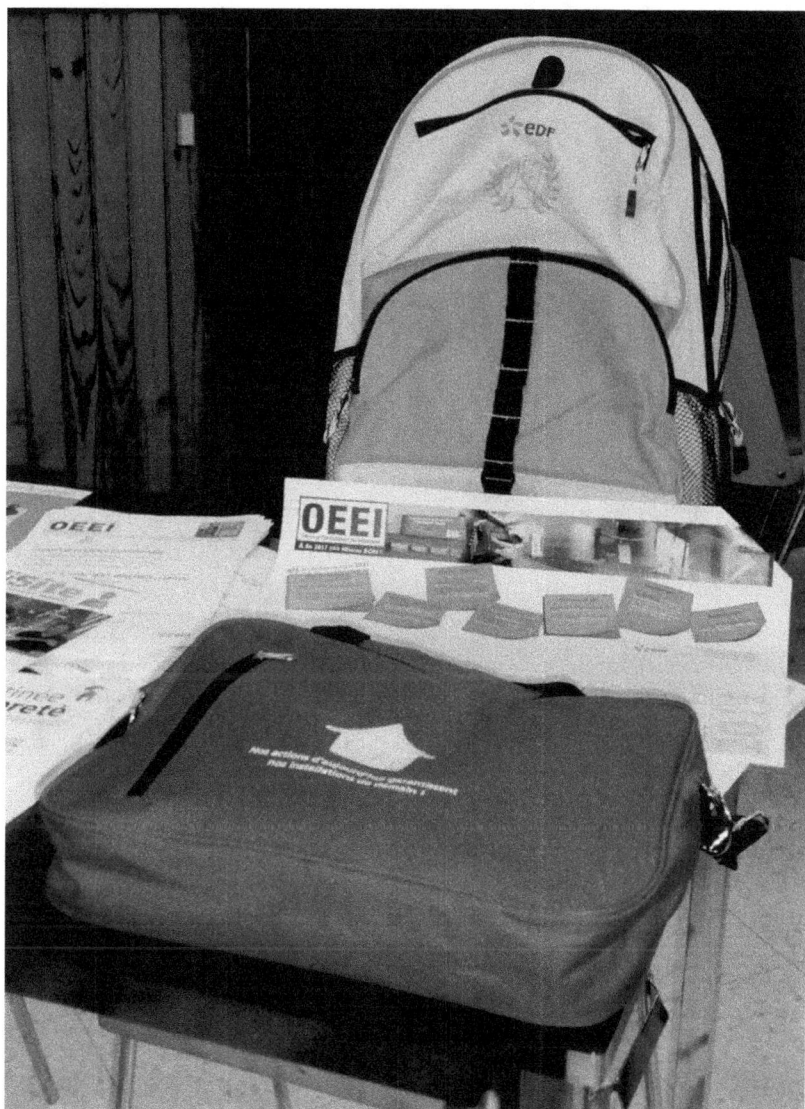

Des « goodies » OEEI, © EDF

Plus formellement, certaines centrales organisent systématiquement une réunion d'information en cas d'arrêt de tranche.
Nombre d'entre elles prolongent les actions d'information par
des réunions périodiques (réunion « cadres », par exemple) ou
des journées à thème OEEI animées par le management.
Peuvent également être cités, bien que plus rares, des challenges ou des jeux.

Cette politique visant à fixer quelques orientations générales et à laisser le champ libre aux centrales suscite des résultats remarquables en termes de créativité et d'appropriation des enjeux.

> « Au niveau national, le projet a été très bien géré grâce aux remontées des centrales. OEEI est un projet participatif dans lequel les gens se sont investis. Les PEX organisés par le national ont permis une communication efficace. »
>
> Un ingénieur, appui au pilote opérationnel local.

Les enseignements

- Si chaque centrale agit différemment, toutes expriment pourtant le même message.

- Dans le cas d'un projet de transformation piloté à un niveau national et appliqué à des centrales multiples, la communication institutionnelle uniforme et descendante présente des limites. En effet, elle ne permet pas de susciter l'appropriation des nouvelles exigences. Loin de vanter les mérites d'un nouveau produit pour amener le consommateur à l'adopter, il s'agit d'inciter les intervenants à changer leur comportement dans leurs activités quotidiennes.

- Afin de s'approprier le projet, chaque centrale doit concevoir elle-même et mettre en œuvre les outils de communication qui toucheront ses personnels.

La une de « Haute Gironde »

La stratégie des petits pas

Encourager les « petites victoires »

La conduite de grands travaux n'exclut en rien la prise en compte des détails qui permettent d'améliorer le quotidien, bien au contraire.

Il en va de la (re)valorisation des personnels, de leur motivation et de leur implication dans le projet.

> « Tout ce qui doit durer est long à croître. »
>
> Louis de Bonald

La démarche OEEI

Durant des années, les intervenants au sein de locaux industriels (entres autres) se sont plaints de la lenteur des actions de correction des petits défauts, comme changer un néon grillé ou réparer une serrure de porte : comment des activités aussi dérisoires pouvaient-elles être aussi longues à mettre en œuvre ?

À force de privilégier les activités dites de cœur de métier, les petits travaux journaliers, à la charge d'équipes de « sans grade », à la formation théorique réduite – mais au savoir-faire parfois considérable –, ont disparu des préoccupations. Le découragement de certains opérationnels face à la lenteur de résolution des petits soucis quotidiens a conduit bon nombre à ne plus les signaler, alimentant le cercle vicieux de la dégradation des installations.

Le projet OEEI remet à l'honneur ces tâches peu reconnues mais indispensables, en imposant la collecte systématique de tous les petits défauts, parfois insignifiants, puis en organisant leur traitement obligatoire et systématique. À terme, le retrait de ces « petits cailloux dans les chaussures » est vécu comme autant de petites victoires sur la fatalité.

Petite réparation sur un site 1300 MW, © EDF

Les résultats

Les résultats de cette initiative sont de plusieurs ordres :

- la revalorisation de certains agents (il est même arrivé que des agents jusque-là laissés pour compte retrouvent une motivation au travail, ainsi qu'une reconnaissance de l'entreprise) ;
- des petites victoires attendues de longue date par le personnel et favorisant une reprise de la confiance ;
- des installations convenables témoignant que le management sait aussi se montrer attentif aux détails qui améliorent la qualité de vie au travail des exploitants et les performances des exploitations.

« Dans les centrales où le management s'est fortement impliqué, des centaines et des centaines de petites actions ont permis d'amener la centrale au niveau "bon". »

Un pilote stratégique, directeur de l'ingénierie.

Les enseignements

- Il est primordial de prêter autant attention à la correction des petits défauts qu'à la conduite des grands travaux.
- La conduite du changement se nourrit aussi de changements visibles, partie intégrante de la vie quotidienne des équipes.
- Les évolutions des comportements accompagnent ou suivent les transformations de l'installation.

« Le fait d'avoir des locaux propres a changé les comportements. Nous sommes entrés dans le cercle vertueux de l'amélioration. »

Un pilote stratégique, directeur de l'ingénierie.

« Je n'arrêtais pas d'aller au carton avec des mécaniciens réticents à nettoyer les taches de graisse, jusqu'au jour où l'un d'eux m'a indiqué qu'il attendait depuis quinze ans que des passerelles soient mises en place sur sa zone de travail pour lui éviter de risquer des chutes. Je lui ai affirmé qu'elles seraient installées dans le cadre d'OEEI. Les passerelles ont été mises en place et suite à cette action, les mécaniciens ont compris que le projet servait leurs intérêts. Aujourd'hui, il n'y a plus de taches de graisse. »

Un pilote opérationnel.

BONNE PRATIQUE N° 14

Avoir des communautés actives

Créer des réseaux « sociaux », gages de solidarité

La réussite d'un grand projet implique de gommer les rivalités et de promouvoir l'entraide et la solidarité comme des valeurs clés.
La confiance et la convivialité facilitent le contournement des difficultés.

> *« La confiance est un élément majeur : sans elle, aucun projet n'aboutit. »*
>
> Éric Tabarly

La démarche OEEI

Grâce aux outils de partage que représentent la base de données, le forum ou encore les journées de partage d'expérience, un réseau des pilotes opérationnels peut rapidement se constituer : il importe que l'ensemble des pilotes, et plus généralement des acteurs, puisse se connaître et se reconnaître.

Les journées de partage d'expérience, notamment, au-delà des opportunités de rencontres qu'elles favorisent, permettent aux équipes de nouer de véritables relations amicales.

> *« OEEI, c'est une famille. Les PEX et les évaluations croisées participent à l'efficacité de son maillage. »*
>
> Un pilote opérationnel.

Ce contexte, loin d'être propice aux rivalités entre projets locaux, promeut l'entraide comme valeur dominante. Les interrogations et les informations relatives aux travaux et/ou aux fournisseurs sont systématiquement partagées au sein du réseau.

> *« Le projet a réussi à susciter une entraide forte entre les centrales. »*
>
> Un ingénieur de l'affaire « fuites ».

Dans le cadre d'un changement de fournisseur, par exemple, le nouveau titulaire du marché n'ayant pas pris la mesure des exigences de qualité attendues, les premières livraisons n'ont pas donné satisfaction. En quelques jours seulement, cette information s'est propagée comme une traînée de poudre dans l'ensemble des centrales et le réseau des pilotes opérationnels a été immédiatement alerté. Les livraisons ont alors été contrôlées, de façon très poussée, et le fournisseur concerné a dû réagir dans les plus brefs délais, sous peine de perdre l'ensemble des commandes.

De la même façon, alors que les matériels générateurs de fuites récurrentes ont été rapidement identifiés, les 19 pilotes opérationnels se sont réparti la cinquantaine de problèmes techniques à résoudre, sous la direction de l'équipe Projet nationale. Chaque solution trouvée dans une centrale donne lieu à la rédaction d'un dossier complet (exposé de la solution, méthode de correction, description des pièces de rechange, dossier d'intervention, présentation des procédures modifiées…). Ces informations sont ensuite toutes diffusées au niveau national.

Grâce à cette solidarité des comportements, loin de rester concentrées au niveau national, l'information et la connaissance sont partagées sur les 19 sites. À cet égard, le rôle du niveau national consiste à mettre en relation, encourager, provoquer les échanges et valoriser les solutions trouvées. De ce point de vue, le niveau national est un catalyseur, un facilitateur.

> 🎤 *« La politique du moins disant, en matière d'achats, a parfois conduit à faire de très mauvais choix en termes de prestataire. C'est souvent à cause de cela que nous avons eu à constater des écarts et donc à réaliser des ajustements. »*
>
> **Un expert peinture.**

C'est également par leur présence sur le terrain que les acteurs du niveau national contribuent au réseau OEEI. Ils y consacrent d'ailleurs un tiers de leur temps au moins. Ces intervenants doivent, en effet, tout connaître de chaque centrale afin d'être à même de répondre à toutes les questions, quel que soit le domaine concerné. Ils ont également pour mission de constituer un « ciment » entre l'ensemble des pilotes. Leur crédibilité dans tous les domaines doit donc être totale.

> 🎤 *« Grâce à la mise en place du réseau, le maillage est optimal. »*
>
> **Un pilote opérationnel évaluateur.**

Les résultats

Au-delà du climat de confiance et même de convivialité, le réseau OEEI fait la démonstration de sa capacité de mobilisation collective pour résoudre efficacement les difficultés rencontrées.

Il permet également d'enregistrer des gains significatifs de temps et de ressources.

Les enseignements

* La notion de confiance est fondamentale dans la conduite du projet – qu'il s'agisse de la confiance que les acteurs entretiennent entre eux ou de la confiance que les acteurs locaux nourrissent vis-à-vis du pilotage national.

* Un grand projet repose sur des relais et des appuis. La confiance est indispensable pour que des synergies s'y concrétisent spontanément. Nommer des pilotes et des responsables ne suffit pas. Encore faut-il qu'ils agissent comme autant d'avocats et de VRP du projet.

« Science sans conscience n'est que ruine de l'âme[1] »

Penser et conduire simultanément les transformations techniques et culturelles

Un projet de transformation se présente comme un ensemble de rénovations/changements techniques plus ou moins spectaculaires qui vont jusqu'à modifier les regards.

Évolution des installations et évolution des cultures se nourrissent l'une l'autre.

> *« La technique est moins importante que les hommes ou la société. L'important, c'est le projet humain qui est derrière. »*
>
> Dominique Wolton

La démarche OEEI

La modification des regards portés sur les locaux est allée jusqu'à rendre incongrues, voire inadmissibles, des situations admises jusque-là. Et pour cause, plus les rénovations sont visibles et génératrices de bien-être au travail, plus le projet gagne en crédibilité. Travailler dans un environnement propre et clair favorise la qualité du résultat. Finalement, les dégradations redoutées ne se sont même pas concrétisées.

> *« Une action marquante du projet OEEI a été la rénovation de tout le parc, avec un engagement et une volonté très importants, tant sur le plan budgétaire que sur le plan humain. Les points positifs ont été, à cet égard, des améliorations sensibles sur l'ensemble du parc, grâce à de véritables transformations. On peut dire que le projet a fonctionné et que l'engagement local a été très fort. »*
>
> Un acheteur pour le projet.

En l'occurrence, l'amélioration de l'éclairage est parfois allée jusqu'à complètement transformer les conditions de travail

---

1.   François Rabelais, *Gargantua*.

dans certains locaux et, simultanément, modifier les regards portés sur ceux-ci. Les défauts, les fuites ou encore le manque de propreté sont alors devenus très visibles, de façon brutale et choquante.

> *« Personne ne croyait à la rénovation de l'éclairage. La personne qui s'en est occupé n'avait pas de compétences techniques particulières. Elle venait directement du tertiaire. Aujourd'hui, tout l'éclairage est à neuf. »*
>
> **Un pilote opérationnel et inspecteur pair.**

Finalement, les comportements évoluent de façon quasi spontanée. Les intervenants deviennent plus respectueux de leur environnement et soucieux de signaler ce qui risque d'altérer l'état des installations.

Réciproquement, lorsque les comportements évoluent massivement dans le bon sens, les travaux de rénovation s'en trouvent facilités.

La mise en place du processus de colisage constitue, elle aussi, un exemple intéressant. Suivant le principe selon lequel chaque objet doit être à sa place et une place doit être définie pour chaque objet, il s'est agi de justifier chaque entreposage dans une centrale. L'introduction puis l'acceptation de ce référentiel d'exigences ont été facilitées par les nouvelles opportunités de rangement (y compris par le biais de travaux adaptés), l'élimination d'objets devenus obsolètes et l'accompagnement des intervenants dans la gestion des matériels et des espaces.

Espace d'entreposage délimité sur un site, © EDF

Au total, passée la phase des contraintes (et des plaintes qui les accompagnent souvent), les intervenants ont fini par reconnaître la valeur ajoutée du projet et de ses réformes.

Les résultats

Les réticences qui accompagnaient les exigences à mettre en œuvre s'avèrent finalement moins marquées que prévu. Très souvent, les contraintes nouvelles sont rendues acceptables par les bénéfices apportés par les travaux et les évolutions organisationnelles. Mieux, dans certains cas, une fois passée la période d'adaptation, les nouvelles méthodes font la preuve de leur valeur ajoutée et il n'est plus question de revenir en arrière.

À cet égard, il importe d'éviter le déphasage des travaux, des exigences du projet et des évolutions culturelles attendues.

> « Au début, OEEI a souffert de la ressemblance avec OSART. Les agents l'ont assimilé à un coup de peinture. Aujourd'hui, nous avons tous compris qu'OEEI visait plus loin et sur le plus long terme ; maintenir l'état du parc nucléaire quarante ans de plus. La perception a changé depuis que les rénovations ont commencé à se voir. Avant, les réparations étaient réalisées de façon éparse. »
>
> Un pilote opérationnel et inspecteur pair.

Les enseignements

- Les travaux de rénovation et/ou modification de l'installation accompagnent les évolutions culturelles et réciproquement. Les uns ne vont pas sans les autres.

- La conduite du changement s'appuie sur les travaux réalisés, de même que les travaux opérés justifient la conduite du changement.

- Il est fondamental de travailler simultanément aux évolutions culturelles et aux travaux de transformation technique, en recherchant en permanence la façon dont ces deux paramètres peuvent se compléter et se justifier mutuellement.

- Cela impose également de penser la conduite du changement parallèlement, pour ne pas dire en amont, au programme de travaux.

> *« Le véritable enjeu est purement culturel. »*
>
> **Un inspecteur EDF.**
>
> *« Quand je suis arrivé dans cette centrale, il y avait les "fuites OEEI", ce qui montrait le décalage entre le référentiel et la perception. Il existait un amalgame. Il a fallu rétablir la réalité : "une fuite est une fuite". J'ai un contrat moral, inscrit dans le projet de la centrale. »*
>
> **Un directeur de site nucléaire, commanditaire.**

Des petits pas pour les personnes, mais un grand bond pour le projet

Favoriser les changements par le biais d'initiatives individuelles dans tous les domaines

Le fait d'encourager les initiatives individuelles stimule la motivation des acteurs et leur adhésion au projet.

Chacun est à même d'exprimer son savoir-faire et la relation à l'outil de travail s'en trouve modifiée.

« L'initiative est chose individuelle. »

Marcellin Berthelot

La démarche OEEI

Tous les ans, un budget national est réparti en local en fonction des demandes argumentées de chaque centrale. Après allocation du budget, chaque projet local est à même de laisser une large place aux initiatives individuelles et ce, dans tous les domaines d'activité.

Des propositions de toute nature sont favorisées, relayées dans le journal bimensuel du projet ou dans le cadre des journées de partage d'expérience :

- nettoyage ;
- peintures ;
- corrosion ;
- signalétique ;
- maîtrise des fuites…

Elles ont, par exemple, trait à :

- des outils divers d'aide au nettoyage (points propreté…) ;
- des techniques de protection contre la corrosion ;

- des systèmes de surveillance à distance des fuites ;
- des systèmes de mise en sécurité des palans et moyens de manutention ;
- des lavettes, protections de sols réutilisables, ou produits absorbants écologiques ;
- des panneaux de signalisation routière interchangeables en fonction des circonstances ;
- des modèles de reniflards sur les bâches à huile pour éviter suintements et fuites.

Rarement, jusqu'alors, la possibilité avait-elle été donnée, sur une grande échelle, de proposer des innovations dans autant de domaines. Le plus remarquable a été l'émergence de matériels ou techniques innovants, réalisée avec ou par des entreprises partenaires. Un système de décapage de revêtements sous eau en circuit fermé à plus de 3 000 bars sans production de poussière et avec récupération de 100 % des déchets, a ainsi été développé par une grande entreprise de peintures industrielles.

Les résultats

Le résultat est convaincant, caractérisé par :

- une motivation accrue et une adhésion partagée aux objectifs du projet ;
- des initiatives cohérentes et diffusables à l'ensemble du réseau, voire au-delà du parc de centrales nucléaires.

Système de clarinette étanche en remplacement de plus de 20 petites vannes et robot de décapage de revêtement en circuit fermé sous très haute pression, © EDF

Les enseignements

> *« Le national servait de relais pour toutes les bonnes idées et les initiatives qui remontaient du local. »*
>
> Un ingénieur, appui au pilote opérationnel local.

- Les individus, y compris les plus blasés, sont prêts à se mobiliser et à témoigner de leur savoir-faire, dès lors que cette possibilité leur est offerte.

- Les changements sont particulièrement favorisés par les initiatives individuelles. La possibilité de proposer et de mettre en œuvre des solutions pour améliorer l'état des installations permet de modifier la relation que des agents entretiennent à leur outil de travail.

- La motivation est stimulée et la mise en pratique des nouvelles exigences, facilitée.

- Des innovations peuvent aussi profiter aux entreprises prestataires et partenaires.

« C'est moi le propriétaire ! »

Encourager la fierté d'appartenance et de participation

Il est intéressant de multiplier des actions à même de renforcer le sentiment de fierté d'appartenir à l'entreprise et de participation à son bon fonctionnement.

L'une de ces actions peut consister à considérer les collaborateurs comme des propriétaires et non de simples locataires de leur outil de travail.

> *« Le sens de l'Histoire s'acquiert en y participant un peu. »*
>
> Antonio Baldini

La démarche OEEI

La désignation de « propriétaires de locaux » résulte de la volonté du projet national de passer d'une culture de « locataires » des installations à une culture de « propriétaires ». En effet, de nombreux agents (EDF ou prestataires permanents) passent au moins autant de temps sur leur lieu de travail que chez eux. Il est donc naturel d'exiger que leurs locaux soient dans un état irréprochable. Aussi s'agit-il de permettre à chacun de retrouver la fierté de son outil de travail.

> *« Il faut remettre la responsabilité de l'exploitant là où elle doit être. L'exploitant est responsable de son installation. D'où l'importance des propriétaires de locaux. »*
>
> Un directeur de site nucléaire commanditaire.

Au fil des ans, certains lieux de travail ont été délaissés par l'entreprise pour des raisons diverses, notamment budgétaires. Le projet OEEI propose une transformation radicale de la plupart de ces lieux, par le biais de réorganisations, de remises en peinture, d'accentuation des éclairages… En échange, une transformation des attitudes au travail est attendue.

Il convient de noter que dans un premier temps, la nomination de « propriétaires de locaux » peut susciter des réticences,

principalement en raison de la délégation de pouvoir asso-
ciée, nécessaire au maintien en état des locaux.

> 🎤 *« Quand il faut mettre un coup de peinture, cela ennuie tout le monde. Mais les résultats rendent les gens sur site assez fiers. »*
>
> Un pilote opérationnel, inspecteur.

Dans certaines centrales, chaque agent est désigné propriétaire
d'au moins un local, par exemple son bureau. Exemplarité
oblige, chaque membre de la direction est lui aussi désigné
responsable d'un local.

> 🎤 *« On peut aussi relever la mise en place des propriétaires de zone, qui ont été une véritable clé du projet. »*
>
> Un pilote opérationnel.

Une charte spécifie les droits et les devoirs des propriétaires.
Elle prévoit notamment que chaque propriétaire effectue au
moins deux fois par an l'évaluation complète de son local.

Des challenges sont régulièrement lancés, de même que sont
organisées des cérémonies de remise de prix ou d'inauguration
des locaux rénovés. Ces événements contribuent à procurer un
sentiment de fierté d'appartenir à l'entreprise et de participer à
son bon fonctionnement.

Un directeur de site nucléaire remet des prix aux responsables des locaux les mieux tenus, © EDF

Les résultats

Les résultats de la démarche « propriétaire de locaux » sont contrastés d'une centrale à l'autre. En 2011, cette démarche se poursuit dans de nombreuses centrales – même si elle reste encore suspecte aux yeux de certains.

Les transformations techniques de l'état des installations accompagnent celles des comportements et réciproquement. La rénovation des lieux de travail justifie l'évolution de l'attitude des travailleurs à leur égard. Sans compter que des comportements plus respectueux des installations contribuent à la pérennité des transformations.

Les enseignements

- Désormais, la culture dominante tend à promouvoir l'intervenant comme propriétaire de son outil de travail.

- La conduite du changement s'appuie sur la relation entre les agents et leur installation. Il s'agit de changer la perception que chacun a de son entreprise et, plus précisément, de son environnement de travail. C'est l'un des enjeux les plus complexes du projet. Il ne peut d'ailleurs être relevé sans l'appui total de tout le management.

> « Les agents ont constaté la solidité de l'organisation au national et la préparation du mode pérenne, qui n'existait pas dans l'OSART. Ils ont fini par basculer dans le projet, même si faire changer les mentalités est un travail de longue haleine et de chaque instant. La mise en place des propriétaires de zone a vraiment participé à cette prise de conscience. »
>
> Un responsable local du traitement des écarts.

BONNE PRATIQUE N°18

L'importance d'un réseau du changement

Désigner des référents chargés d'accompagner et d'aider à faire

Désigner des référents accompagnateurs incite les acteurs du projet à s'impliquer dans la résolution des éventuels problèmes rencontrés plutôt qu'à la déléguer.

Cette pratique favorise, qui plus est, les changements culturels.

> « L'une des meilleures façons d'aider quelqu'un est de lui donner une responsabilité et de lui faire savoir que vous lui faites confiance. »
>
> Booker T. Washington

La démarche OEEI

La stratégie du projet OEEI consiste à rechercher des correspondants chargés d'accompagner les opérationnels dans le traitement des problèmes. C'est dans ce contexte qu'est née la notion de référent.

Dans chaque centrale, un référent local est nommé et chargé d'une problématique particulière :

- maîtrise des fuites ;
- maîtrise du risque d'introduction de corps étrangers dans un circuit ;
- maîtrise du colisage.

Chaque référent a pour mission d'apporter un appui aux acteurs de terrain ainsi qu'au management de la centrale, dans la mise en œuvre et dans la bonne application des directives ou des processus. Il se voit également confier le retour d'expérience quant à l'application de ces dispositions dans les pratiques métiers. À ce titre, le référent capitalise les données qu'il recueille dans des bases de données spécifiques.

En outre, les référents représentent les points d'entrée unique du projet national et des services d'ingénierie centralisée vers les sujets dont ils sont dépositaires. Ils constituent, de ce fait, un réseau d'échange et de partage des expériences, des difficultés mais aussi des bonnes pratiques.

> « Je retiens du projet OEEI son organisation telle qu'elle a été conçue initialement : peu de monde au niveau national, mais des relais solides sur le terrain. »
>
> Un ingénieur, appui au pilote opérationnel local.

Être référent n'est ni un emploi, ni un métier. C'est une mission, attribuée à un expert ou, plus généralement, à un professionnel expérimenté et dont les qualités relationnelles ont été démontrées. En effet, ce dernier est chargé d'expliquer les exigences avant d'aider les opérationnels à les mettre en œuvre.

Du fait de leur fonctionnement en réseau, les référents sont tout naturellement associés aux journées PEX.

Les résultats

La désignation de référents contribue largement au décloisonnement des activités.

Les référents effectuent des missions transverses et travaillent alternativement aussi bien avec la maintenance qu'avec la conduite des installations. Ils interviennent également lorsque les unités sont en production ou en arrêt pour révision.

> « J'étais en charge des fuites. Mon travail consistait à animer un réseau entre différentes centrales. J'avais beaucoup d'échanges avec l'ensemble des centrales pour des questions d'organisation et de technique. Cela m'a permis de retrouver le domaine de la maintenance. J'ai participé à tous les PEX fuites. C'était des moments conviviaux avec visite de centrales. Il s'agissait d'observer l'état des centrales et leur évolution. »
>
> Un ingénieur pilote de l'affaire « fuites ».

La notion de référent, mise en œuvre à l'occasion du projet OEEI, est maintenue en phase pérenne. Elle peut même être étendue à d'autres domaines. Les bénéfices apportés sont indiscutables :

* clarté des responsabilités ;

- facilité de circulation de l'information ;
- relais du changement bien identifiés.

L'intégration des changements dans les pratiques des intervenants garantit leur pérennisation.

> « *Je retiens notamment du projet OEEI l'importance d'un réseau de correspondants bien ramifié, permettant un dialogue efficace entre la direction et les centrales.* »
>
> Un inspecteur EDF.

Les enseignements

- Désigner des référents favorise l'émergence et la mise en œuvre de changements culturels forts, sous la forme d'une rupture avec les habitudes de cloisonnement des métiers et d'un renoncement à « faire à la place de ».

- Le cas échéant, des ressources peuvent être désignées pour expliquer pourquoi il importe d'agir différemment, et comment il convient de s'y prendre.

- La conduite du changement nécessite des relais clairement identifiés et porteurs des nouvelles exigences. Le réseau des référents en charge des différentes problématiques facilite le partage des nouvelles exigences et assure une remontée rapide des difficultés rencontrées sur le terrain vers le niveau national.

- L'objectif vise à respecter les rôles de chacun. Il ne s'agit pas d'obtenir des changements ponctuels et superficiels en agissant en lieu et place des acteurs légitimes, mais de les aider à faire.

BONNE PRATIQUE N° 19

Un suivi rigoureux des ressources

Maîtriser le budget

Compte tenu des montants des dépenses envisagées, la maîtrise du budget est essentielle, en plaçant ce dernier sous étroite surveillance. Cela impose de concilier respect des règles de responsabilisation des projets locaux et mise en œuvre d'un contrôle rigoureux au niveau national.

> « Le talent a besoin de gestion. »
>
> André Siegfried

La démarche OEEI

Il est impératif que les montants demandés auprès de la direction de l'entreprise soient tous argumentés. Il en va de leur crédibilité.

Dans cette optique, chaque centrale est invitée à effectuer une revue de projet et à établir la liste, ô combien longue et détaillée, des travaux nécessaires à l'obtention du niveau exigé par le référentiel international.

> « Le projet OEEI, ce sont deux choses : du budget et de la motivation. »
>
> Un expert peinture.

L'élaboration des listes de travaux des centrales est prise en compte pour établir le planning de réalisation et des coûts sur cinq ans, afin que ce dernier soit «compréhensif[1]» et traduise la stratégie adoptée par chaque centrale pour atteindre son objectif. Cette méthode permet globalement de convertir les actions proposées en coûts, année par année de vie du projet, donc d'établir un budget global. Malheureusement, certaines activités ne peuvent être véritablement évaluées qu'à l'issue des premiers démontages de matériels. Les désordres engendrés

---

1. C'est-à-dire qu'il englobe l'intégralité des objectifs et traduit la stratégie adoptée par chaque site pour atteindre son propre objectif.

par la corrosion, par exemple, rendent difficile l'évaluation des actions de réduction des fuites externes actives des matériels tournants.

> 🎤 « C'est un projet dont le budget est bien adapté aux ambitions. La belle enveloppe budgétaire témoigne de la véritable prise de conscience de la direction d'EDF. »
>
> Un inspecteur EDF.

La crédibilité des montants envisagés dépend aussi de la capacité à démontrer qu'ils sont en ligne avec les standards de la profession.

> 🎤 « Le montage solide des structures budgétaires constitue une vraie garantie. »
>
> Un responsable de l'appui à la gestion budgétaire du projet.

Cette première étape franchie, il convient de s'assurer que les montants accordés sont dépensés conformément aux prévisions. En effet, ils ne sauraient être détournés au profit d'activités ne relevant pas du périmètre du projet.

> 🎤 « Le budget mis à disposition est celui qui avait été prévu au départ. Et il a été dépensé comme convenu au départ. »
>
> Un ingénieur, appui au pilote opérationnel local.

À cet égard, plusieurs pratiques sont mises en place :

- un schéma de gestion spécifique est élaboré, ainsi qu'une classification fine des dépenses (par lot, par centrale...), afin de suivre très précisément les dépenses engagées dans chaque centrale ;

- les centrales ne sont pas autorisées à utiliser le budget dédié au projet pour réaliser des activités hors périmètre de ce dernier. Le budget du projet est donc « sanctuarisé » au sein des centrales ;

- une entité nationale de contrôle réalise un audit du contenu et de la qualification des dépenses réalisées dans chacune des centrales ;

- un arbitrage budgétaire annuel est effectué par le projet national, en vue de l'attribution des budgets annuels de chaque centrale (dans le cadre du cycle budgétaire, les prévisions sont arbitrées au sein du projet. La structure de contrôle budgétaire du groupe EDF notifie l'enveloppe globale, puis le projet national fait connaître les détails par activité) ;

- un *reporting* mensuel est assuré directement par le projet national, centrale par centrale, afin d'éviter tout dérapage (ce *reporting* est élaboré à partir des informations budgétaires recensées par des outils informatiques adaptés. Aucune contribution des centrales n'est requise, gage de l'indépendance de cette procédure) ;

- un suivi est effectué à chaque fin d'année, afin de veiller au respect des budgets autorisés.

> *« Dès le début du projet, une structure budgétaire très solide a été mise en place pour permettre un suivi et un pilotage rigoureux et efficaces. La construction d'un projet de centrale, avec un planning compréhensif par centrale, a permis de monter un budget pluriannuel. La sanctuarisation du budget a garanti que l'intégralité du budget serait utilisée dans le seul cadre du projet OEEI. Enfin, les contrôles sont complètement externes et dépassent le seul cadre EDF : toutes les centrales sont contrôlées par des experts-comptables extérieurs (indépendants de la DPN et du projet). »*
> Un responsable de l'appui à la gestion budgétaire du projet.

Les résultats

Le modèle est celui du donnant-donnant. En effet, la confiance dans le projet OEEI est garantie par le respect annuel des budgets et la qualité des mesures de contrôle interne. Les règles du jeu, largement discutées dès le départ, sont bien comprises et acceptées. Il en est de même du dispositif mis en place, accepté par la totalité des parties prenantes, à commencer par les centrales.

En outre, dans un système de répartition des budgets à somme constante, toute somme attribuée à une centrale est potentiellement retirée à une autre. C'est la raison pour laquelle l'autonomie accordée à chaque projet n'a entraîné aucune dérive ou donné lieu à quelque forme de laxisme que ce soit. Aucun budget n'a été présenté en dépassement, et l'écart le plus significatif observé par rapport à la cible n'a pas dépassé 3 %. Et ce, parce que les critères de répartition appliqués par le projet national n'ont fait l'objet d'aucune méfiance.

Les enseignements

- Le budget doit être un outil au service de la conduite du projet. Il ne constitue pas une fin en soi. En outre, sa gestion doit être la plus transparente possible.

- Autonomie et responsabilisation n'empêchent pas la rigueur budgétaire. Bien au contraire, celle-ci est indispensable à la réussite de tout projet. Les techniques de maîtrise budgétaire sont bien connues et décrites dans les méthodes de pilotage des grands projets. Cela étant, l'originalité du projet OEEI a résidé dans la conduite simultanée de 19 budgets, dans 19 structures différentes. Pour y parvenir sans piloter à distance et respecter l'autonomie de chaque centrale, il a fallu définir ensemble des règles communes partagées.

- La réussite de la coordination est fortement liée à la souplesse et la solidarité du réseau.

> *« Nous avons eu un budget important. Nous sommes dans un système de management parfaitement intégré dans la vie de la centrale, avec un lien fort à la direction. Nous avons toutes les cartes en main pour réussir. »*
>
> **Un chef de structure pérenne MEEI.**
>
> *« Le budget a permis des résultats visibles rapidement sur le terrain. »*
>
> **Un ingénieur, appui au pilote opérationnel local.**

BONNE PRATIQUE N° 20

La clôture du projet

Savoir clore un grand projet

Il n'est pas toujours aisé de mettre un terme à un grand projet de transformation. Deux questions, au moins, doivent être posées : les transformations souhaitées sont-elles effectives ? et qu'adviendra-t-il en mode pérenne ?

> « Ce n'est pas la fin. Ce n'est même pas le commencement de la fin. Mais c'est peut-être la fin du commencement. »
>
> Winston Churchill

La démarche OEEI

Le principe retenu consiste à coller le plus possible aux deux objectifs initialement fixés par le commanditaire :

- conduire les 19 centrales au niveau « bon » international ;
- mettre en place les conditions d'un maintien pérenne à ce niveau.

Ces deux objectifs se traduisent par deux conditions mesurables :

- atteindre le niveau « 2 » lors d'une évaluation externe de l'état des installations de chaque centrale ;
- passer devant un jury qui évalue les dispositions pérennes mises en œuvre par la centrale, sur la base de critères connus et vérifiables.

Un projet local de centrale peut être déclaré clos si et seulement si ces deux conditions sont réunies. Il est à noter qu'elles peuvent être atteintes indépendamment l'une de l'autre et évaluées dans le cadre d'opérations distinctes.

Certaines centrales ont atteint le niveau attendu avant même d'avoir mis en place la totalité des dispositions pérennes. À l'inverse, une centrale a mis en œuvre une structure pérenne bien avant d'avoir achevé son programme de travaux. Cette diversité de situations n'a pas posé de difficulté.

Les exigences minimales que les modes pérennes doivent respecter ont été explicitées dès l'année 2009, puis affinées. Elles concernent la mise en place de ressources humaines et financières, la description de processus élémentaires, mais également des dispositions managériales déjà en vigueur et relatives à une présence effective sur le terrain.

> *« Les agents ont constaté que le projet prévoyait la préparation du mode pérenne, ce qui n'existait pas dans l'OSART. »*
>
> **Un responsable local du traitement des écarts.**

Enfin, pour compléter le dispositif, des actions de formation à la conduite du changement dans le cadre du mode pérenne sont dispensées aux pilotes opérationnels et stratégiques ainsi qu'aux futurs responsables des structures pérennes.

Les résultats

La clôture du projet répond à des règles du jeu claires, fixées en amont, connues et identiques pour tous les acteurs. Cette procédure permet de contourner un écueil fréquent dans la conduite des grands projets, qui consiste à achever un projet à la hâte et à passer à autre chose avant même que ne soient réunies toutes les conditions de la pérennisation.

Définir des critères clairs de clôture permet de terminer le projet dans des conditions lisibles et pratiques. La distinction des rôles et missions des différents acteurs (ceux du mode projet et ceux du mode pérenne) facilite, en outre, la transition du mode projet vers le mode pérenne.

Les éventuelles frustrations liées à toute fin de projet s'en trouvent significativement réduites. Du point de vue du management, le bénéfice est réel également, puisque la transition d'une équipe d'intervenants à une autre s'effectue naturellement.

Les enseignements

- Il est primordial de préparer le passage en mode pérenne le plus en amont possible.
- De la même façon, la clôture du projet doit être envisagée à un voire deux ans de l'échéance.

- Il convient, en outre, de clairement définir les critères de clôture du projet et de les faire connaître à l'ensemble des parties prenantes. Ces critères doivent être traduits en objectifs et aisément mesurables.
- Enfin, pour faciliter et légitimer le changement d'acteurs entre la phase projet et la phase pérenne, un accompagnement est essentiel.

« Le mode pérenne a été anticipé tout au long du projet. Avec OEEI, on n'était pas dans un simple projet d'investissement. »
Un responsable de l'appui à la gestion budgétaire du projet.

« Ce qui est sûr, c'est que cela ne va pas être facile. Il faudra effectuer un important travail de contrôle pour conserver et pérenniser ce qui a été fait grâce à l'OEEI. Il faudra garder une forte présence terrain, dans cette perspective. »
Un responsable local du traitement des écarts.

« J'espère que le projet OEEI évoluera bien, en mode pérenne. Pour que ce mode existe, un changement des comportements est attendu. Pour cela, il faut maintenir une pression importante à tous les niveaux de management, et que les convictions des directeurs d'unité et de leur management soient profondes. »
Un Directeur délégué international.

« Il y a un risque, qui est celui de la banalisation du maintien. Nous essayons de le réduire au maximum en allouant un budget annuel à chaque centrale pour le MEEI. »
Un ingénieur, appui au pilote opérationnel local.

« Deux situations sont envisageables : soit on arrive à conserver une dynamique et un budget intéressants en mode pérenne et OEEI basculera vers MEEI de façon efficace ; soit la dynamique OEEI s'éteindra. L'inconnue principale est l'implication des différentes centrales et de leur management dans le mode pérenne. Il faut essayer de maintenir une dynamique incitative. »
Un responsable de l'appui à la gestion budgétaire du projet.

Mode projet / mode pérenne

Mode projet

- Le projet possède différentes phases pour son déroulement.

- Le projet se définie notamment par sa dimension temporelle. « Le projet a une fin ».

- Les changements sont importants, clairement définis et mesurés.

Mode pérenne

- Le mode perenne n'est pas tant une phase du projet qu'un mode de fonctionnement.

- *A contrario* du mode projet, le mode pérenne n'a pas de fin, il s'étend indéfiniment dans le temps.

- Le mode pérenne est une lente adaptation ou évolution : « Le changement dans la continuité.»

→ Comment gérer cette transition ?

Une fiche comparative OEEI/MEEI, © EDF

Synthèse De OEEI à MEEI :
Comment opérer une transition efficace Meei®

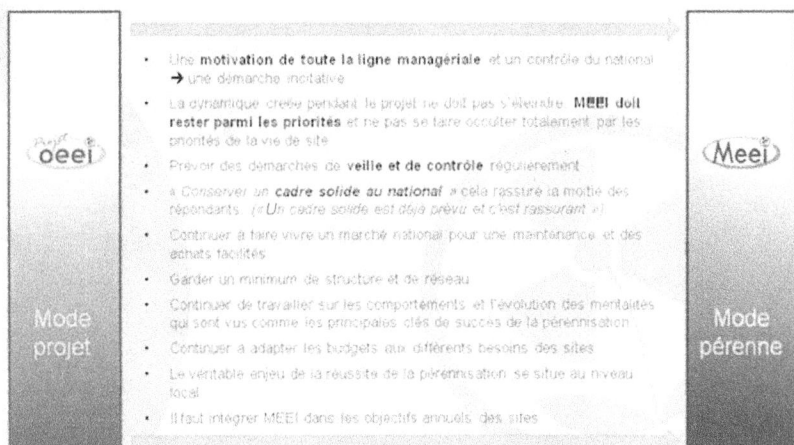

Projet oeei®

Meei®

Mode projet

Mode pérenne

- Une **motivation de toute la ligne managériale** et un contrôle du national → une démarche incitative

- La dynamique créée pendant le projet ne doit pas s'éteindre. **MEEI doit rester parmi les priorités** et ne pas se faire occulter totalement par les priorités de la vie de site

- Prévoir des démarches de **veille et de contrôle** régulièrement

- « Conserver un **cadre solide au national** » cela rassure la moitié des répondants (« Un cadre solide est déjà prévu et c'est rassurant »)

- Continuer à faire vivre un marché national pour une maintenance et des achats facilités

- Garder un minimum de structure et de réseau

- Continuer de travailler sur les comportements et l'évolution des mentalités qui sont vus comme les principales clés de succès de la pérennisation

- Continuer à adapter les budgets aux différents besoins des sites

- Le véritable enjeu de la réussite de la pérennisation se situe au niveau local

- Il faut intégrer MEEI dans les objectifs annuels des sites

Une fiche de synthèse MEEI, © EDF

Conclusion

La nécessité d'apprendre à gérer des projets

> « *L'important n'est pas d'avoir raison, mais que les autres le pensent.* »
>
> Paul Valéry

Vingt bonnes pratiques pour réussir un grand projet, ou un programme de projets : c'est peu et beaucoup à la fois !

C'est peu parce que la réussite de ce type de dispositif est un phénomène aux causes multiples, avec de multiples variables de succès, mais également une combinaison infinie de paramètres qui rend l'exercice tout aussi incertain que périlleux. Et dans le même temps, c'est beaucoup parce que dans le pilotage d'un projet, il est rare de disposer en permanence et simultanément des balises d'observation sur chacun des items.

Ces 20 bonnes pratiques constituent le retour d'expérience d'un grand projet mené sur l'ensemble du parc nucléaire français durant cinq ans. Au cours de cette période, les principaux responsables du projet ont expérimenté différentes manières d'atteindre les objectifs et d'embarquer tous les acteurs, afin que ces derniers y trouvent leur intérêt à la fois pour l'instant présent mais aussi de manière prospective. Pour paraphraser la formule du chancelier allemand Helmut Schmidt, les projets d'aujourd'hui sont les résultats de demain et la raison d'être d'après-demain. Telle est la philosophie de ces 20 bonnes pratiques formalisées par les principaux responsables du projet

OEEI, afin que leur expérience ne reste pas dans les tiroirs et les cartons.

Le présent ouvrage a pour ambition d'être un témoignage. Le ressenti et l'analyse des résultats obtenus permettent d'identifier des facteurs clés de succès, qui constitueront à coup sûr des guides pour tous ceux qui auront à mener ce type d'actions, tant au sein du groupe EDF qu'au sein de toute autre organisation. Par ce livre, EDF propose de partager son expérience, dans une logique d'enrichissement collectif. La sagesse populaire considère que « le savoir est la seule matière qui s'accroît quand on la partage ». EDF l'a bien compris, qui se positionne en tant que producteur de savoir.

Un autre élément de motivation de la rédaction de cet ouvrage a résidé dans le fait que, dans la littérature existante, la notion de grands projets est rarement abordée. En revanche, celle de projets l'est bien plus souvent. La distinction est de taille : ce n'est pas un, mais plusieurs projets qui sont gérés en même temps, avec une obligation de réussite et des enjeux de coordination et de pilotage entre les différentes actions menées.

Du fait de leur évolution stratégique et opérationnelle, un nombre croissant d'organisations sont amenées, tant pour survivre que pour se développer, à engager des programmes de projets sur des périmètres fonctionnels et géographiques non négligeables et dans des laps de temps de plus en plus courts.

À cet égard, une grille proposée en annexe permet de lister, pour un projet, l'état de réalisation ou de non réalisation de chacune des 20 bonnes pratiques tirées de la mise en œuvre du projet OEEI. Cette grille constitue ainsi un miniguide d'audit et d'action pour améliorer le fonctionnement d'un grand projet.

Face à la complexité technique et humaine de la gestion de grand projet, il est très difficile de définir un modèle unique ou une martingale du succès. De ce point de vue, la compréhension et la traduction de bonnes pratiques constituent une forme d'expérimentation et d'apprentissage de ce que pourrait être la compétence « gérer les grands projets ». Cette compétence vaut pour les responsables des grands projets, mais aussi pour l'ensemble des acteurs décisionnels de l'entreprise qui seront nécessairement confrontés, de loin ou de près, à la problématique du bon déroulement et du succès de grands projets.

ANNEXES

Annexe 1 :
La carte d'identité du projet OEEI

1. OBJECTIF DU PROJET

Le projet « Obtenir un état exemplaire des installations » (OEEI) constitue l'un des dix grands projets de la division Production nucléaire d'EDF (EDF-DPN) pour la période 2006-2010, définis dans le cadre du projet global « STEP 2010 ». Il contribue pleinement aux progrès attendus, en s'inscrivant dans deux des six orientations stratégiques de STEP 2010 :

- poursuivre l'amélioration de la sûreté grâce au levier « performance humaine »,
- délivrer la performance technico-économique attendue par le Groupe et pérenniser l'outil industriel.

Son objectif est double :

- conduire, en trois à cinq ans, les 19 sites nucléaires EDF à un bon niveau dans les comparaisons à l'échelle internationale, relatives à la tenue des installations,
- créer les conditions de garantie d'un maintien ultérieur à ce niveau.

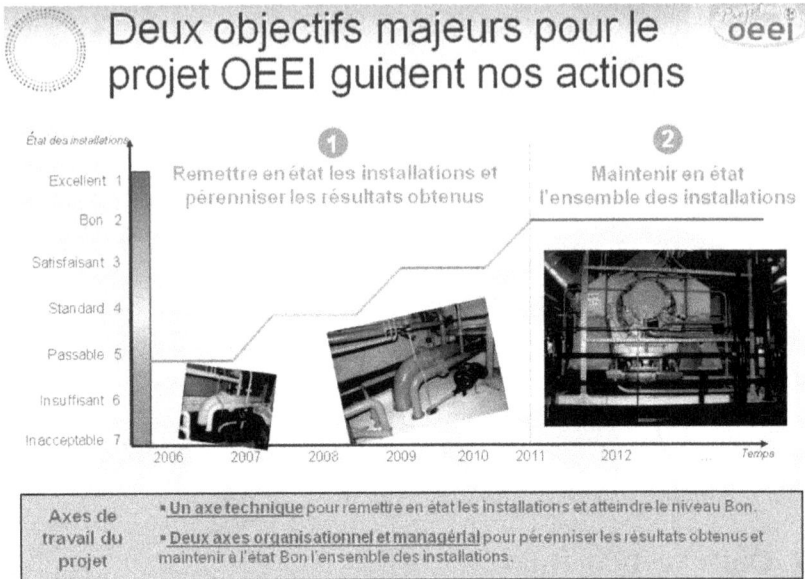

Deux objectifs majeurs pour le projet OEEI guident nos actions

① Remettre en état les installations et pérenniser les résultats obtenus

② Maintenir en état l'ensemble des installations

État des installations
Excellent 1
Bon 2
Satisfaisant 3
Standard 4
Passable 5
Insuffisant 6
Inacceptable 7

2006 2007 2008 2009 2010 2011 2012   Temps

Axes de travail du projet
• Un axe technique pour remettre en état les installations et atteindre le niveau Bon.
• Deux axes organisationnel et managérial pour pérenniser les résultats obtenus et maintenir à l'état Bon l'ensemble des installations.

Les objectifs du projet OEEI, © EDF

2. Nature des travaux prévus

Les travaux envisagés dans le cadre du projet OEEI sont destinés à opérer un saut de performances dans le domaine de la tenue des installations. Bien au-delà de la simple remise à l'état neuf, un tel saut nécessite une amélioration et une rénovation lourde des installations :

• rénovation des matériels pour améliorer leur état dans la durée face à la corrosion, notamment pour les matériels extérieurs et soumis à des ambiances agressives (installations en bord de mer, stations de pompage…) ;

• amélioration des toitures (pose de renforts contre les aléas climatiques) et des bardages des bâtiments industriels ;

• amélioration des revêtements des sols et des murs (en définissant des secteurs distincts pour faciliter les conditions d'intervention et de maintien en propreté), des zones contrôlées (pour renforcer la propreté radiologique) et des locaux électriques (en favorisant des teintes claires d'éclairement) ;

- ajout de dispositifs pour le colisage (aires de travail dédiées aux chantiers récurrents, aires d'entreposage, racks de stockage de matériels, systèmes d'accrochage, dispositifs de réduction des risques en cas d'incendie ou de séisme) ;
- adjonction d'éclairages pour atteindre au moins 120 lux dans la plupart des locaux, suppression des zones non éclairées ;
- amélioration des calorifuges ;
- transformation des vestiaires pour une meilleure propreté radiologique et de meilleures conditions de travail ;
- aménagement et amélioration des voiries et parkings ;
- modification et/ou construction de bâtiments non industriels pour adapter les locaux à l'organisation en place et faciliter l'accueil des prestataires.

3. RESSOURCES ALLOUÉES

Le devis global des opérations (principalement des travaux sur les installations) représente 700 millions d'euros sur six ans, dont 70 % d'investissements.

Les effectifs non récurrents dédiés à la mise en œuvre du projet, en particulier pour la coordination et la surveillance des travaux dans les centrales, sont évalués à plus de 250 personnes, dont la moitié à plein-temps, réparties sur 19 sites industriels et quatre centres d'ingénierie.

L'équipe Projet nationale est constituée d'un directeur de projet, d'ingénieurs en appui et d'une assistante dédiée.

Par ailleurs, un pilote opérationnel, désigné par les partenaires de la DPN, est affecté au Centre national d'équipement et de production d'électricité de Tours (par la Division ingénierie nucléaire – DIN), à la direction des achats et à la direction de l'immobilier. Pour leur part, les filières Finances/Gestion et Communication ainsi que l'Inspection nucléaire (IN) dédient au projet un correspondant à temps partiel. En outre, des prestations TSM (*Technical Support Missions*) sont assurées chaque année par la WANO (*World Association of Nuclear Operators*).

Enfin, une équipe Projet locale est constituée dans chaque centrale nucléaire, avec des ressources allouées pour assurer le pilotage opérationnel, l'animation, l'organisation des actions managériales de progrès, les travaux d'amélioration sur les installations et leur suivi.

4. Déroulement

Les étapes attendues avec un calendrier sur 6 ans

2006	2007	2009	2012
STEP 2010 Élaboration devis travaux par Task Force Orientations-Décisions Préparations affaires – achats Un projet lancé par CNPE	Plans de progrès managénaux en cours, évolutions constatées sur le terrain Programme pluriannuel détaillé et jalonné des travaux par CNPE 1re série travaux réalisée OSART CHI,	2 CNPE au niveau « bon » CIV, SLB et 3 CNPE au niveau « satisfaisant » Organisation robuste sur chaque CNPE OSART FES, CRU	19 CNPE au niveau « bon » Organisation pérenne en place pour salariés EDF et prestataires OSART Saint-Alban, Cattenom

Les étapes du projet, © EDF

5. Lotissement

* Lot n°1 : lot référentiel et évaluations

Ce lot consiste à définir et mettre en œuvre le référentiel souhaité pour l'état des installations et les modes d'évaluation associés, puis à faire évaluer annuellement chaque site nucléaire par l'Inspection nucléaire EDF, sur toute la durée du projet.

* Lot n°2 : 19 projets locaux

En 2007, chaque projet local OEEI a été validé par la direction du parc.

Le projet local affiche les grandes étapes que doit franchir la centrale pour parvenir au niveau « bon » et élabore le programme des travaux, les actions managériales permettant une transformation des comportements vis-à-vis des installations et les mesures destinées à pérenniser le maintien du niveau « bon », une fois qu'il est atteint.

Un dispositif de contrôle du projet local est également défini et mis en œuvre.

- Lot n° 3 : management et pratiques de conduite du changement

Ce lot vise à transformer les comportements des intervenants ainsi que les méthodes de travail vis-à-vis de l'état des installations.

- Lot n° 4 : rénovations et réhabilitations

Ce lot concerne un premier volet d'affaires techniques : amélioration de l'éclairage et des revêtements, signalétique, calorifuges, réduction des fuites…

- Lot n° 5 : ingénierie et réalisations

Ce lot recouvre un second volet d'affaires techniques : rénovation des toitures et des bardages, rénovation des stations de pompage et des matériels soumis à la corrosion, réalisation de parements béton, renforcements des chemins de câbles électriques.

- Lot n° 6 : bâtiments non industriels et voiries

Ce lot concerne l'ingénierie et la réalisation des grands travaux concernant les bâtiments non industriels et leurs voiries, ainsi que la remise en état de nombreuses autres voiries et parkings.

6. Nature des transformations, personnels concernés

Outre les transformations techniques décrites plus haut, les transformations des pratiques de travail concernent principalement :

- la tenue des chantiers (rédaction d'un procès verbal d'ouverture et de fermeture, visites fréquentes, gestion des charges calorifiques, propreté, rangement, protection systématique des sols…) ;

- la propreté de l'installation (visites aléatoires de tous les locaux avec cotation du niveau de propreté, rencontres mensuelles avec les entreprises de nettoyage, mise en place de fréquentiels de nettoyage…) ;

- le colisage (élimination de tous les entreposages et stockages non justifiés par des impératifs d'exploitation, zonage de toute la partie industrielle de la centrale, marquage au sol des zones autorisées de stockage, gestion informatique de ces zones, visites hebdomadaires de chaque entreposage…) ;

- la gestion des fuites (identification des fuites à la première goutte, collecte de toutes les fuites sur le terrain, nettoyage systématique de chaque trace de fuite…) ;

- la gestion du risque de chute de corps étranger dans les circuits (marquage des zones sensibles, création de zones de sérénité à accès contrôlé, décompte des outillages sur les chantiers, pose de protections sur les ouvertures de circuits…) ;

- les visites hiérarchiques (visites hebdomadaires tracées, visites des propriétaires de locaux, rédaction d'un procès-verbal de début et de fin d'arrêt de tranche…) ;

- le traitement des écarts (identification des petits écarts de l'installation, suivi du traitement journalier, mise en place d'équipes dédiées pour ce traitement…) ;

- la désignation nominative de propriétaires des locaux, pour l'ensemble de la zone industrielle.

L'ensemble des intervenants dans les centrales sont concernés.

Sont également définies des actions de conduite du changement.

- Dans chaque centrale, une réunion de lancement de la conduite du changement est organisée en début de projet. Chaque réunion de ce type regroupe 70 à 150 participants.

- Chaque centrale organise, une ou deux fois par an, des journées à thème ou des séminaires « état des installations ». Ces événements impliquent la participation de 300 à 600 personnes, selon la centrale et le format retenus.

- Lors des arrêts de tranche, les prestataires extérieurs sont convoqués à une réunion de présentation. Chaque année, ce sont ainsi quelque 30 000 prestataires en moyenne qui sont informés des exigences relatives à l'état des installations.

- La plupart des centrales organisent des actions de formation ou de « calage de l'œil », sous des formats divers et avec ou sans appui extérieur. Au total, de 200 à 500 voire

600 personnes (dans les plus grandes centrales) ont été formées.

- Des pilotes de la conduite du changement officient en permanence dans les centrales. Ils travaillent en collaboration avec les missions de communication. Cet effort requiert l'implication de plusieurs personnes à temps partiel.

Annexe 2 :
Grille de préparation, déploiement et/ou diagnostic d'un grand projet

	Importance pour le projet ? (note de 1 à 3 par ordre décroissant de pertinence)	Bonne pratique prévue ? (oui/ non)	Bonne pratique suivie ? (oui/ non)	Résultats	Remarques
Définir le « qui fait quoi », appliquor lo principe de subsidiarité					
Définir une vision claire et constante, mettre en œuvre un management visuel					
Donner un visage et une présence au projet					
Manager par les faits					

	Importance pour le projet ? (note de 1 à 3 par ordre décroissant de pertinence)	Bonne pratique prévue ? (oui/ non)	Bonne pratique suivie ? (oui/ non)	Résultats	Remarques
Délégitimer les anciennes pratiques et références					
Développer des méthodes et des processus standards					
Penser et organiser le partage de l'information le plus en amont possible					
Recourir à des outils d'évaluation objectifs et lisibles					
Mesurer en continu la progression des changements culturels					
Instaurer un climat de confiance en partageant l'expérience					
Croiser les regards et consulter les pairs					
Diversifier les outils de communication et encourager la créativité					

	Importance pour le projet ? (note de 1 à 3 par ordre décroissant de pertinence)	Bonne pratique prévue ? (oui/ non)	Bonne pratique suivie ? (oui/ non)	Résultats	Remarques
Encourager les « petites victoires »					
Créer des réseaux « sociaux », gages de solidarité					
Penser et conduire simultanément les transformations techniques et culturelles					
Favoriser les changements par le biais d'initiatives individuelles					
Encourager la fierté d'appartenance et de participation					
Désigner des « référents » chargés d'accompagner et d'aider à faire					
Maîtriser le budget					
Clore le projet					

Glossaire

AIEA   Agence internationale de l'énergie nucléaire

*Fondée en 1957 et localisée à Vienne, en Autriche, cette institution inter-
nationale placée sous l'égide des Nations unies a pour missions de
promouvoir les usages pacifiques de l'énergie nucléaire et de limiter le
développement de ses applications militaires.*

ASN   Autorité de sûreté nucléaire

*Cette entité indépendante de contrôle des installations nucléaires assure,
au nom de l'État, le contrôle de la sûreté nucléaire et de la radioprotection en France pour protéger les travailleurs, les patients, le public et
l'environnement des risques liés à l'utilisation du nucléaire.*

BBC   Bâtiment de basse consommation énergétique

*Ce label officiel français, créé par l'arrêté du 8 mai 2007 relatif au contenu
et aux conditions d'attribution du label « Haute performance énergétique »,
fixe une exigence énergétique de 50 kWhEP*/(m² SHON.an). (*kWhEP =
kWh d'énergie primaire)*

DPI   Direction Production ingénierie

*Cette branche du groupe EDF regroupe les activités d'ingénierie et
d'exploitation du parc nucléaire.*

DPN   Division Production nucléaire

*Cette branche du groupe EDF est en charge de l'exploitation du parc de
centrales nucléaires.*

Gantt   Outil de gestion de projet portant le nom de
son concepteur

*Le diagramme de Gantt permet de modéliser la planification de tâches
nécessaires à la réalisation d'un projet.*

GP   Groupe permanent (d'experts)

*Les groupes permanents d'experts sont composés de membres nommés en
raison de leur compétence. Ils comprennent aussi des exploitants concernés*

par les sujets traités. Ils peuvent également faire appel à toute personne (en France comme à l'étranger) reconnue pour ses compétences particulières dans un domaine.

Le GP Réacteurs est sollicité par l'ASN pour émettre des avis et, le cas échéant, des recommandations dans le domaine des réacteurs nucléaires exploités pour la production d'électricité ou à des fins de recherche.

IN   Inspection nucléaire

Cette entité interne à EDF-DPN est en charge de l'inspection des centrales sous l'angle de la sûreté nucléaire.

INPO   Institute of Nuclear Power Operation

Cette association américaine, créée après l'accident de Three Miles Island[1] par les exploitants américains, est ouverte à l'ensemble des exploitants de centrales. Elle vise à mettre en commun l'expérience d'exploitation et les meilleures techniques.

IRSN   Institut de radioprotection et de sûreté nucléaire

Cet organisme d'expertise placé sous la tutelle des ministres chargés de l'environnement, de la santé, de la recherche, de l'industrie et de la défense apporte son appui technique à l'ASN. Autorité publique en matière de recherche et d'expertise sur les risques nucléaires et radiologiques, l'Institut a pour missions d'évaluer et de mener des programmes de recherche dans les domaines de la sûreté des installations nucléaires.

LITCHI   Les instruments et techniques de la conduite du changement interne

Développée en partenariat avec EDF, la méthode Litchi se décline du simple appui méthodologique à l'accompagnement d'un projet, en passant par la formation-action des équipes. Sa vocation est de former des ressources internes à la transformation et à la conduite du changement.

MEEI   Maintenir l'état exemplaire des installations

Ce processus est destiné à garantir dans la durée l'état des installations du parc nucléaire d'EDF.

OEEI   Obtenir un état exemplaire des installations

Ce grand projet a été lancé par EDF en 2006 pour rénover l'ensemble de ses centrales nucléaires.

---

1.   La centrale nucléaire de Three Miles Island a été le théâtre d'un accident, le 28 mars 1979. Celui-ci a été classé au niveau 5 sur l'échelle internationale des événements nucléaires (INES).

OSART   Operational Safety Review Team

Cette opération d'inspection peut être menée à la demande de l'autorité de sûreté du pays d'accueil pour évaluer le niveau de sûreté d'une centrale nucléaire.

Peer Review Évaluation par les pairs

PEX   Partage d'expérience

Ces rencontres entre spécialistes ou intervenants d'un domaine technique sont destinées à partager les expériences et les meilleures techniques ou innovations.

PERT   Program Evaluation and Review Technique

Le schéma de PERT est une technique de gestion de projet qui permet de visualiser la dépendance des tâches et de procéder à leur ordonnancement.

PMI   Project Management Institute

Le terme PMI est couramment utilisé pour définir la méthodologie de gestion de projet développé par cette association, qui compte plus de 200 000 membres répartis dans 125 pays.

PRINCE2   Project in Controlled Environnements

Cette méthode de gestion et de certification de projet se structure autour de trois points : l'organisation, la gestion et le contrôle du projet.

REX   Retour d'expérience

Cette démarche méthodologique permet aux industriels d'apprendre à partir des événements d'exploitation, d'identifier des pistes de progrès et de lancer leur mise en œuvre.

SHON   Surface hors œuvre nette

Cette donnée permet de calculer les droits à construire (permis de construire) ainsi que les différentes taxes liées au construit (taxe d'habitation, taxe locale d'équipement).

WANO   World Association of Nuclear Operators

Cette association mondiale des exploitants de réacteurs nucléaires (centrales et navires civils à propulsion nucléaire) a été créée après l'accident de Tchernobyl[1] pour promouvoir l'excellence dans l'exploitation des réacteurs grâce au partage d'expérience et à la promotion des meilleures pratiques.

---

1.   Accident nucléaire survenu le 26 avril 1986, en Ukraine, alors membre de l'URSS.

Bibliographie

David AUTISSIER, Faouzi BENSEBAA, Fabienne BOUDIER, *L'Atlas du management 2010/2011*, Eyrolles, 2010.

David AUTISSIER, Jean-Michel MOUTOT, *Méthode de conduite du changement : diagnostic, accompagnement, pilotage,* Dunod, 2010.

David AUTISSIER, *L'Intelligence de situation : savoir exploiter toutes les situations,* Eyrolles, 2009.

Colin BENTLEY, *Prince2 Revealed: Including How to Use Prince2 for Small Projects,* Butterworth-Heinemann Ltd, 2006.

Bruno CÉSAR, Olivier d'HERBEMONT, *La Stratégie du projet latéral,* Dunod, 2004.

Robert LELOUP, Sandrine MARTY, David AUTISSIER, *Une innovation en conduite du changement : le projet Litchi à EDF,* Eyrolles, 2008.

Albert LESTER, *Project Management, Planning and Control: Managing Engineering, Construction And Manufacturing Projects to PMI, APM And BSI Standards,* Butterworth-Heinemann Ltd, 2006.

Véronique MESSAGER-ROTA, *Gestion de projet vers les métho-des agiles*, Eyrolles, 2009 (2e édition).

www.ingramcontent.com/pod-product-compliance
Lightning Source LLC
Chambersburg PA
CBHW061318220326
41599CB00026B/4937